アパート・マンション経営は株式会社ではじめなさい

山端康幸 編
東京シティ税理士事務所 著

《改訂2版》

あさ出版

はじめに

近年、「アパート・マンション経営の法人化」が1つのトレンドになっています。つまり、個人の大家さんが、「会社の社長」になるということ。

この流れには、2つの大きな理由があります。

1つが、平成27年から始まった「相続税増税」です。これにより、不動産を所有する方の相続税負担が大幅に増えることになりました。

その税負担を避けるため、今まで個人で行っていた不動産経営を法人化して、資産と所得の分散を図り、相続税の軽減をめざす人が増えているのです。

さらに令和6年1月1日以降は区分マンションの相続税評価額の計算方法が見直される方針であり、従来ほどの評価額圧縮効果が見込めなくなります。そのため、個人が保有する区分マンションに係る相続税負担がより重くなる傾向にあります。

また、2つめの理由として、「法人税減税」もあげられるでしょう。今後はさらに、法人税率の軽減が予想されます。個人の税金である所得税の最高税率が55％に対し、法人税は現在30％台前半まで引き下げられさらに引き下げられる傾向にあります。

これはつまり、個人で稼ぐよりも法人で稼ぐほうが、税金が少なくて済み、手取りが多くなる……という理屈です。

ここまで読んで、「さっそく法人化しよう！」と思った方もいらっしゃるかもしれません。

しかし、個人で所有する不動産を会社所有とするには、税金上の問題が伴います。また個人間でも、不動産の移転は税金の問題が生じます。

現在のアパート・マンション経営には、競合の激化・空室率の増加などに対抗する「経営力」が必要です。さらに相続税増税や所得税増税によって、高度な税金対策が必要な分野にもなりました。

とはいえ、コツさえ覚えてしまえば、どなたにでもできます。そんなにかまえることはありません。

本書では不動産経営の規模に応じ、「アパート・マンション経営で資産を作りたい」というビギナーの方から、すでに不動産経営をしている方、不動産管理会社は所有しているがうまく活用できていない方まで、幅広い層の方に対応する内容になっています。

いずれの方も、現状の分析から改善策の検討、そして将来に向かっての税金対策と経営計画を立てることまでをめざします。

皆さまのアパート・マンション経営のさらなる高度化のお役に立つことができれば幸いです。

著者

CONTENTS

第3章 なるほど! 不動産管理会社のしくみ

不動産管理会社には4つの形態があります

第6章

なるほど！　不動産管理会社のしくみ

【もっと高度に不動産経営】建物所有会社でのアパート・マンション経営

第7章

なるほど！　不動産管理会社のしくみ

自宅や社員の住居を会社所有にしましょう

第8章

なるほど！ 不動産管理会社のしくみ

「会社」といってもいろいろな形態があります

第9章

しっかり知っておきたい！ 税金の話

消費税の取り扱いに注意しましょう

プロローグ

アパート・マンション経営なら、手堅く儲けられます

◆アパート・マンション経営は低リスク・高利回り

「貯金では低金利すぎて、預けてもスズメの涙……」

「投資は損しないの？　お金が減らないか、少し不安……」

よくこんな声を聞きますが、皆さん望むのは、「リスクが低く、利益の高い商品」。そんな都合のよいものがあるのかといえば、あるのです。

それが、本書でおすすめする
「アパート・マンション経営」

です。

一般には、不動産投資と呼ばれるジャンルに属するものです。

◆土地の値段はどんどん下がってきたが……

日本では、伝統的に、「土地は価値が上がるもの」とされてきました。これには歴史的な背景があるのですが、それはさておき、「土地を所有すること」が資産として大きな意味を持ってきたのです。

しかし、１９９０年ごろのバブル経済をピークに下がり続けていた日本の地価は、近年落ち着きをみせています。

地価は、２００３年を１００とすると、２０１６年には69まで下落し、２０２２年では70。２００３年当時から7割程度の価格となっています。

ただし、この地価も近年では下げ止まり感があり、都市部の住宅地は上昇傾向がみられるほか、一部６大都市の商業地は大幅な値上がりをみせています。

では、家賃についてはどうでしょうか？

ここで、「地価の下落同様家賃も下がっているのでは？」と思うのは早計です。

13ページをご覧ください。

家賃は、地価が大幅な下落傾向にあったにもかかわらず多少の下落傾向ではあるものの、近年では安定傾向にあり、底堅くなっています。

そんななかで、Ｊ－ＲＥＩＴ（不動産投資信託）も生まれました。投資家から集めた資金で賃貸不動産を購入し、賃貸収入や転売で得た利益を投資家に配当するものですが、運用実績の高さから、人気を呼んでいます。

Ｊ－ＲＥＩＴのように人任せにせず、自分自身でできるのが、「アパート・マンション経営」です。投資信託に比べると利益も大きいことが一般的で、自身で物件・家賃などの条件を決めることができます。

物価、土地価格、家賃の関係はこうなっている

平成15年時点を100とすると、物価は上昇傾向、家賃は多少下落したが底堅いことがわかる。土地価格はピーク時に比べれば大幅に下落しているものの近年は上昇傾向にある。

消費者物価と土地価格

	消費者物価※1	市街地土地価格※2	6大都市※2
平成15年(2003年)	100(1月)	100(3月)	100(3月)
平成25年(2013年)	99(1月)	71(3月)	90(3月)
平成28年(2016年)	103(1月)	69(3月)	93(3月)
令和元年(2019年)	105(1月)	70(3月)	95(3月)
令和4年(2022年)	107(1月)	70(3月)	97(3月)

消費者物価と家賃

	消費者物価	家賃※1
平成15年(2003年)	100(1月)	100(1月)
平成25年(2013年)	99(1月)	98(1月)
平成28年(2016年)	103(1月)	97(1月)
令和元年(2019年)	105(1月)	96(1月)
令和4年(2024年)	107(1月)	97(1月)

↓

3者を比較してみると……

	消費者物価	市街地土地価格	家賃
平成15年(2003年)	100(1月)	100(3月)	100(1月)
平成25年(2013年)	99(1月)	71(3月)	98(1月)
平成28年(2016年)	103(1月)	69(3月)	97(1月)
令和元年(2019年)	105(1月)	70(3月)	96(1月)
令和4年(2022年)	107(1月)	70(3月)	97(1月)

※1　総務省統計局「消費者物価指数年報」(平成15年を100として再計算)
※2　平成15年を100として再計算

プロローグ

アパート・マンション経営を始めるときの注意点

◆今、重視するべきは「収益性」

かつて、アパート・マンション経営といえば、地主さんが相続税・固定資産税を抑えるために行うのが一般的でした。

税金対策に目を奪われるあまり、「収益」については、二の次になっていたのが現実でした。

また、賃貸物件が少ない時代には、大家さんの立場が強いこともあり、「借り手」への配慮が足りなかったといえます。

ところが、建物が増え、競争が激しくなれば、「借り手」への配慮が足りない賃貸住宅は当然「空室」となってしまいます。

これからの賃貸経営では、「税金対策」だけの意識を捨て、「借り手＝大切なお客様＝収益につながる」という考えに転換できなければ、厳しくなっていくでしょう。

大家さんというと、むずかしくないように思えますが、実際には、お客様からお金をいただいて賃貸住宅を経営する立派な経営者。

アパート・マンションを建てれば満室になるような貸手優位の時代はすぎました。

これからは、お客様を満足させ、自身もしっかり儲ける。こういった「経営者」としての視点をしっかり持つことが重要です。

◆確実に儲けるための計画をしっかり立てましょう

「収益性」の重要性を理解していただけたら、次は、事業計画を立てることが大切です。

何千万、場合によっては何億円もの投資をするのですから、「なんとなく」始めてはいけません。

まずは、「損益」と「資金繰り」について考えていきましょう。


といっても、むずかしく捉えないでください。要は、「損益」は「何にお金がかかり（マイナス面）、どうすれば儲けが出るか（プラス面）」を考えることですし、「資金繰り」は、「手持ちのお金（自己資金）と借入したお金で、どうやりくりしていくか？」ということ。

いずれも、収入と支出のバランスを考えることですから、主婦の方が家計をやりくりすることと大差はありません。

◆損益予定表と資金繰り予定表を作ってみましょう

「何に、どれくらいお金がかかるのか？」「家賃からの儲けはどのくらいあるのか？」これらの収支を考えるためには、表（損益予定表）を作ると、すっきりわかりやすくなります。

さらに、アパート・マンション経営の場合、多額の初期費用がかかることもあり、借入（借金）をすることがふつうです。毎月の収入と借金返済の予定を立てていきます（＝資金繰り予定表）。

くれぐれも「赤字」にならないよう、しっかりと「儲け」が出る予定表を作りましょう。予定表作成のポイントは、次の５つです。

①アパート・マンションにかかる建築コスト
②建築コストの調達方法（自己資金か、借入か）
③借入の場合の返済計画（何年間で返済するのか、利息は何％か）
④敷金・礼金・毎月の家賃（どれくらいの収入が見込めるか）
⑤管理手数料、修繕費、税金、光熱費等の諸経費（どのくらいの支出がありそうか）

１つも漏れのないように気をつけましょう。

プロローグ

どんなマンションに需要がある？ 市場調査はしっかりと

◆供給過多の時代、マーケットリサーチは必須です

今、堅実な収益を求めて、アパート・マンション経営に乗り出す人が増えています。専業大家さんだけではなく、会社を退職した方、現役の会社員、主婦など、幅広くなっています。

少子高齢化の影響を受け、地方だけでなく関東近県でも、空き家が増える一方。さらには、空前の低金利と住宅減税で「持ち家派」が増えたこともあり、かつては建てれば即借り手がみつかったアパート・マンション経営も、激しい競争にさらされてきた……といえます。

そんな状況にあって、入居者の目が厳しくなるのは当然の話。

どのような立地の土地に、どのような客層に向けたアパート・マンションを建てるのか？

アパート・マンション経営の投資額は決して安くありません。安定した収入が得られるように、しっかりとした戦略を練りましょう。

◆空き室を作らないポイントは3つ

安定した収入を得るためには、空き室を作らないことが重要ですが、どんな点に注意すればよいのでしょうか。

簡単に、次の3つにまとめることができます。

1　土地の適正（土地の広さや形状、日照や騒音問題などの居住性、駅、スーパー、学校などの利便性を満たしている）

2　入居者のニーズと周辺物件との比較

3　周辺地域の将来性（鉄道、道路計画や再開発計画など）

どんな土地（駅近？　繁華街？　閑静な住宅街？）に、どんな客層（ファミリー層？　ひとり暮らしの会社員？　それとも学生？）を呼び込むかで、建てるアパート・マンションのデザイン・内容は変わってきます。リサーチを怠らなければ、常に満室御礼、人気のアパート・マンション経営ができるはずです。

事前の調査でお客様のニーズをつかみ、間違いのない経営をしましょう。

第1章

アパート・マンション経営を個人から法人に

● ● ●

アパート・マンション経営を会社経営にしましょう

アパート・マンション経営を「法人化」すれば、節税効果がぐっと高まります。ただし、メリットだけではなく、デメリットがあるのも事実。すでに個人でアパート・マンション経営を始めている方も、これから始める方も、知っておくと便利です。

アパート・マンション経営を会社経営にするメリット・デメリット

アパート・マンション経営を法人化することで得られるメリットはいくつかあります。もちろんデメリットもあります。それぞれみていきましょう。

◆メリット❶ 入居者からの信用度が増す

たとえば、社会的立場の変化。これまで「個人の大家さん」だった人が、「会社の社長」になれるのです。いわば一国一城の主。

会社経営は、金融機関や取引先への信用度が増すほか、入居者にも「しっかりとしたアパート（マンション）経営をしているな」という印象を与えることができます。

従来の株式会社の設立は、「資本金が１０００万円以上」「発起人７名以上」などといった条件がそろっていなければなりませんでした。しかし、平成18年の新しい会社法スタートによって資本金が１円でも会社設立は可能となり、さらに電子申請などの利用で設立費用も抑えられるようになりました。また、有限会社制度が廃止された代わりに、手続きが簡単で組織も簡易な合同会社という形態も新設されました。
これによって、アパート・マンション経営も、個人経営から会社経営にすることが容易になったのです。

◆メリット❷ 所得税が節税できる

さらに、アパート・マンション経営を会社経営とする最大のメリットは、所得税の節税が見込めることです。個人でアパート・マンション経営を行う場合、収入金額から必要経費を差し引いた残額が不動産所得となり、これに対して所得税がかかります。たとえば、収入金額が2000万円で必要経費が800万円の場合、不動産所得は1200万円となります。

会社を設立してアパート・マンション経営を行った場合も、利益の計算方法は個人の場合と同様のため、差引1200万円の所得に対して法人税が課税されます。

ただし、この法人の所得1200万円の全額を社長に役員報酬として支給すると、会社の所得は0となり法人税が課税されなくなります。

さらに、社長が受け取る1200万円の役員報酬に対する所得税を計算する場合、**給与所得控除**として195万円が差し引かれ、給与所得は1005万円とさらに少なくなります。個人経営によって1200万円にかかる所得税と、会社経営にして1005万円にかかる所得税、どちらが大きいかはおわかりですよね？

また、家族を役員にして役員報酬を分散して支給した場合には、それぞれ給与所得控除が使えることから、節税効果がさらに大きくなります。たとえば1200万円の役員報酬を600万円ずつ2人に支給すると、合計で328万円の給与所得控除が受けられます。

◆メリット３　相続税も節税になる

個人でアパート・マンション経営を行う場合、毎年家賃収入から経費を差し引いた残額は所得となります。この所得は蓄積されていき、これが相続財産として相続税の課税の対象となります。

会社を設立して、このアパート・マンションの所得を、役員報酬という形で家族に分散することで、親の財産の増加を抑えることができます。

また、将来の相続人である子ども世代はこれにより財産が形成できるため、相続税の納税資金などを蓄えることができます。

ただし、この会社の株式を親が所有していると、株式を通じて親がアパート・マンションを所有していることになり、財産の次世代への移転がなされません。会社の株主は次世代の子でなければ相続税対策にはなりませんので注意してください。

ここまで法人化のメリットについて解説してきましたが、物事にはいいことばかりではなく、面倒なことや費用負担などのマイナス面も存在します。ここからは、法人化のデメリットについて説明していきましょう。

◆デメリット１　会社設立費用がかかる

会社を設立する場合には、費用がかかります。会社設立の手順ですが、最初に会社の目的や商号、本店所在地などを記載した「定款《ていかん》」と呼ばれるものを作成しなければなりません。**株式会社の定款は公証人役場で**

公証人の認証が必要なため、手数料がかかります。さらに、定款認証後には、設立登記をする必要があります。**その際、資本金の額に応じた登録免許税のほか、登記の手続きを司法書士などに依頼する場合には、その手数料がかかります。**

個人で新規に不動産賃貸業を開始する場合には、税務署等へ事業開始の届出等を提出するだけなので、特別な設立費用などは生じません。

◆デメリット❷ 運営費用がかかる

個人による不動産賃貸業の場合も、会社による不動産賃貸業の場合も、帳簿をつけることが義務づけられています。とりわけ税金の申告時には、その帳簿をもとに所得と税金を計算して税務署等へ申告しなければなりません。

個人による不動産賃貸業の場合、所得は「白色申告」か「青色申告」により確定申告をする必要があります。白色申告の場合は、記帳するにあたって、1つひとつの取引ごとではなく、日々の合計金額をまとめるなど簡易な方法でもよいことになっています。

青色申告の場合は、原則、複式簿記による帳簿（①現金出納帳、②売掛帳、③買掛帳、④経費帳、⑤固定資産台帳）の記帳が必要となります。

白色申告のほうが簡易ですが、青色申告は帳簿をつけるわずらわしさがある一方、所得控除が10万円まで控除できる魅力があります。ただし、いわゆる「5棟10室基準」（貸家の場合5棟以上、貸室の場合10室以上を「事業的規模」といい、税務上有利になる）を満たすオーナーであれば「複式簿記」のルールに基づいて帳簿をつけ、「貸借対照表」および「損益計算書」を確定申告書に添付する義務があります。この場合、所得控除が55万円（電子帳簿保存を行っている場合かｅ−Ｔａｘでの確定申告を行った場合は65万円）になるなどの特典があります。

これらの所得と税金の申告は自分で計算することになっていますが、手数料を支払って税理士等へ依頼することも可能です。

一方で会社による不動産賃貸業の場合についても、「青色申告」か「白色申告」により法人税を申告することは、個人の所得税申告と変わりません。**個人と違うのは、必要な帳簿の記載事項が多く、その帳簿の内容も個人より詳細なものが要求されることです。**そこで会社の場合には、税理士等へ依頼する必要性がさらに増すことになります。

また法人は、その資本金等の規模により、「均等割」という地方税が課税されます（27ページ参照）。東京都の場合は最低7万円で、赤字企業で所得がなくても課税されます。運営費用、均等割という税金の負担により、場合によっては、会社のほうが個人より費用負担の多い事態もあります。

◆デメリット❸ 相続開始前3年以内の取得不動産は時価評価になる

個人所有の不動産は、**土地**については路線価（地域の道路に面する標準的な宅地1m^2当たりの土地評価額のこと）、路線価がない地域については固定資産税評価額×倍率で、**家屋**については固定資産税評価額で評価することになっています。路線価は地価公示価格の8割程度、固定資産税評価額は7割程度となっていることから、これらと時価との差額について財産の価額を圧縮することができます。

一方、同族会社の株式所有者が亡くなった場合、その同族会社の株式が相続財産になります。株式の評価方法については、個人の不動産評価とは異なる評価方法です。本来相続する土地建物について相続税評価額（通常の取引価額の70〜80％）で評価してよいはずですが、**会社が株式所有者の相続開始前3年以内に取得した土地・家屋などの不動産については、いわゆる時価（取得価格）により評価しなければなりません。個人の場合は、取得したときに相続税評価額で評価できることになっています。**

◆デメリット❹ 不動産を移転するときは、不動産取得税などの負担がある

新たに会社を設立して、現在個人で所有しているアパート、マンションやその敷地を、新会社に移転する場合には、不動産取得税や所有権移転登記をする際の登録免許税がかかります。

不動産取得税は、不動産を取得するときに1回だけ都道府県が課税する地方税です。税額の計算は次ページ【1】のように計算します。

また、登録免許税の税額の計算も次ページ【2】を参照してください。

このほか、個人と会社の間で不動産売買契約書を取り交わす場合には、そこに記載された金額に応じた印紙を貼る必要があります（次ページ【3】参照）。

【1】不動産取得税　税額＝固定資産税評価額※× 税率

＜税率＞

		取得日	
		令和6年3月31日まで	令和6年4月1日以降
土地		3%	4%
家屋	住宅	3%	4%
	住宅以外	4%	4%

※宅地の場合は固定資産税評価額×1／2×税率。

【2】登録免許税　税額＝課税標準 × 税率

登記の種類			課税標準	税率
建物の表示登記			－	－
所有権保存登記			法務局の認定価格	4/1000
所有権移転登記	売買	土地	固定資産税評価額	15/1000
		建物		20/1000
	贈与・遺贈			20/1000
	相続			4/1000
抵当権の設定登記			債権金額	4/1000

※建物の種類に応じて軽減あり。

【3】印紙税（不動産売買契約書）

記載金額	印紙税額
1 万円未満のもの	非課税
50 万円以下のもの	200 円
100 万円以下のもの	500 円
500 万円以下のもの	1,000 円
1000 万円以下のもの	5,000 円
5000 万円以下のもの	10,000 円
1 億円以下のもの	30,000 円
5 億円以下のもの	60,000 円
10 億円以下のもの	160,000 円
50 億円以下のもの	320,000 円
50 億円超のもの	480,000 円
記載金額のないもの	200 円

法人住民税の「均等割」

資本金等の額＼区分	市町村内の従業員数	東京都特別区の都民税	その他の都道府県	
			市町村税	都道府県民税
1,000万円以下	50人超 50人以下	14万円 7万円	12万円 5万円	2万円
1,000万円超 1億円以下	50人超 50人以下	20万円 18万円	15万円 13万円	5万円
1億円超 10億円以下	50人超 50人以下	53万円 29万円	40万円 16万円	13万円
10億円超 50億円以下	50人超 50人以下	229万円 95万円	175万円 41万円	54万円
50億円超	50人超 50人以下	380万円 121万円	300万円 41万円	80万円

※市町村民税は標準税率を記載しています。対象となる市区町村に確認してください。

◆デメリット5 法人所得がなくても住民税の均等割がかかる

法人の所得に対して国税である法人税が課税されます。同様に地方税は法人税額に応じて課税されるしくみになっています。そのため法人の所得がなければ地方税はかからないのが原則です。しかし、地方税には法人所得に応じた所得割という税金の他、所得の有無にかかわらず、会社が存在するということに対して課税される「均等割」という税金があります。法人所得が赤字の年度でも毎期必ず一定の税額を納めなければならないということです。

均等割は、次の3つの税目について定められています。

①都道府県民税……資本金等の金額に応じて決まります。

②市町村民税……資本金等の金額と従業員数に

応じて決まります。

③東京都特別区の都民税……東京都の特別区（23区）にのみ事業所等を有する会社については、都道府県民税と市町村民税の合計額となります。

ちなみに、東京都の特別区内に会社を設立し、資本金が1000万円以下で従業員数が50人以下の場合の均等割額は年間で7万円となっています。

◆デメリット6 税務署の調査率が高い

所得税や法人税の申告をすると、その内容について税務調査が行われる場合があります。

黒字の場合ほど調査が行われる頻度が高く、法人であればおおむね3～5年に一度、個人であれば7～10年に一度のサイクルで行われるようです。

つまり、法人のほうが調査率が高いということです。

また、近年は個人の不動産オーナーに対して税務署から「お尋ね」と称する文書を送っている例が見受けられます。これは申告した内容のうち、賃貸料や修繕費、借入金利子などの特定の項目について詳細を回答する様式になっています。

第 2 章

アパート・マンション経営を個人から法人に

●　●　●

会社設立でこんなに節税できます！

アパート・マンション経営を個人で行うか、法人で行うかを決めるうえで重要なポイントになるのが「節税」でしょう。ここでは、個人と法人で、どのくらい税金の額が異なるのかをみていきます。

法人と個人事業の違いは「税金」

アパート・マンションのオーナーが法人化するいちばん大きなメリットは、なんといっても節税。まずは、個人事業主と会社に課税される税金の違いを確認しましょう。

個人事業主の場合は、主に所得税・住民税・事業税がかかりますが、会社の場合には法人税・法人住民税・法人事業税がかかってきます。個人事業主も会社も、基本は「所得（儲け）」（収入から経費を差し引いた額）に対して課税されますが、税率に違いがあります。簡単に税金の計算方法を説明します。

◆個人事業主の場合——所得税の計算方法

所得税は収入金額から必要経費を控除し、各人の個人的事情を加味する制度としての所得控除額を控除した残額に累進税率（所得の多い人ほど重い税率で課税）を乗じて計算します。

①総所得金額

収入金額－必要経費＝総所得金額

②課税所得金額

総所得金額－所得控除額（※）＝課税所得金額

（※）所得控除額とは支払った社会保険料等の金額や扶養親族等の数に応じて控除できる金額。

③所得税額

課税所得金額×税率（※）＝所得税額

（※）税率は33ページの表のとおりです。

所得税のほかに、地方税である住民税が課税されます。さらに、平成25年から令和19年までは、所得税額の2・1％相当額の復興特別所得税が課税されますが、以後説明の便宜上省略します。

◆法人の場合――法人税の計算方法

一方、法人税は次のように計算されます。

①法人所得金額

売上高等収入金額（益金）－売上原価・販売費一般管理費等（損金）＝法人所得金額

②税務調整

実際の課税所得計算では、法人所得に、法人税法の規定に則《のっと》り一定の調整をした金額となります。

法人税率は会社の規模と所得で異なる

中小法人等で課税所得800万円以下の部分	15%
中小法人等で課税所得800万円超の部分	23.2%
大企業等	

調整とは、たとえば、支払った法人税等、規定を超えた交際費や寄付金は損金として認められないので、当期純利益に加算することです。受領した配当収入は二重課税排除のため、益金に入れないなどの調整をします。これらを「**税務調整**」といいます。

③法人税額

法人税率は比例税率となっており、所得が高い場合でも一定税率になっています。

法人所得金額×税率

（※ほかに法人住民税がある。日本の法人税と法人住民税を合わせた実効税率は33・58％ほど）

所得税率と住民税率

＜所得税率＞

課税所得金額	税　率	控　除　額
195万円以下	5%	—
330万円以下	10%	9.75万円
695万円以下	20%	42.75万円
900万円以下	23%	63.6万円
1,800万円以下	33%	153.6万円
4,000万円以下	40%	279.6万円
4,000万円超	45%	479.6万円

※平成27年以降。

所得税額は、「課税所得金額×税率−控除額」で求められます。

＜住民税率＞

課税所得金額	税　率
一律	10%

※都道府県民税4%および市町村民税6%を合わせた税率。

所得税と住民税を計算してみよう

収入1,000万円、経費200万円、所得控除額100万円の場合

＜所得税＞

①所得金額

1,000万円−200万円＝800万円

②課税所得金額

800万円−100万円＝700万円

③所得税額

700万円×23%−63.6万円＝97.4万円

＜住民税＞

700万円×10%＝70万円

※厳密には、所得控除は所得税と住民税で異なります。

所得税と法人税、税率はどのくらい違う？

◆節税ポイント❶ 所得税は累進税率、法人税は比例税率

所得税と法人税は、所得について課税される点は同じですが、税率が異なります。所得税は、5％から45％までの7段階の累進税率となっています。

一方、法人税は、法人の規模や課税所得に応じて2つの税率が定められています。所得税ほど細かく区分されていないため、どんなに課税所得が大きくても法人税率は上限23・2％です。

◆節税ポイント❷ 所得600万円で、法人のほうが税負担が少なくなる

個人と会社は、所得の計算方法も税率も異なりますので、正確な比較は不可能ですが、所得に応じた税金を単純比較すると、次ページのようになります（ここでは給与の支給は考慮せず、あくまで所得について課税される税金のみを比較している）。

次ページの表をみると、所得金額が小さいうちは個人が有利ですが、所得金額600万円ぐらいから法人が有利になることがわかります。単純税率比較で600万円が損益分岐点といえます。

個人と会社の税率を比較してみよう

個人（※）1・3・5（実効税率）	所得金額	会社（※）2・3・4（実効税率）	個人（※）1・3・5（実効税率）	所得金額	会社（※）2・3・4（実効税率）
15.6%	100万円	29.4%	33.1%	1,100万円	27.9%
15.4%	200万円	25.9%	34.4%	1,200万円	28.6%
17.2%	300万円	24.8%	35.5%	1,300万円	29.2%
21.0%	400万円	24.2%	36.4%	1,400万円	29.8%
23.8%	500万円	24.3%	37.3%	1,500万円	30.6%
25.8%	600万円	24.4%	38.0%	1,600万円	30.8%
27.2%	700万円	24.5%	38.6%	1,700万円	31.0%
28.6%	800万円	24.5%	39.2%	1,800万円	31.3%
29.7%	900万円	25.9%	40.0%	1,900万円	31.6%
31.6%	1,000万円	27.0%	40.8%	2,000万円	31.9%

※1　所得税・住民税・事業税（不動産貸付業と仮定）の実効税率。所得控除は考慮していません。
※2　法人税・住民税・事業税の実効税率。
※3　実効税率は地域により異なります（ここでは東京都で計算）。
※4　令和3年4月1日以降に開始する各事業年度で資本金等が1,000万円以下の法人かつ従業者数が50人以下の場合。
※5　復興特別所得税・復興特別住民税を含みます。

◆節税ポイント❸ 一人あたりの所得を減らせば、所得税の税負担も減る

所得税は、所得の少ない人は低い税率で、所得の多い人は高い税率で課税される仕組みです。税率が低い所得で課税されるようになると、結果的に税金の総額が少なくなります。

たとえば、1000万円の個人所得がある人の事業を会社経営にし、所得1000万円を二人が500万円ずつ給料としてもらうことにすると、一人1000万円に対する税率よりも、二人の所得500万円に対する税率を足したほうが低い区分となります。

◆節税ポイント❹ 給与所得はさらに税負担が少なくなる

法人化することにより、個人の事業所得が、会社からの給与所得にできると説明しました。給与所得は個人の所得として所得税が課税されます。

この給与所得は、給与所得者の必要経費にあたるものとして、左ページの表のように、給与収入から給与所得控除額（一定の経費）を差し引いて計算できます。

給与所得額＝給与収入－給与所得控除額

このように**法人化することにより、個人事業の所得1000万円が会社からの給与収入になり、さらに給与所得控除額分が控除されることになります。**事業所得を給与所得とするだけで税負担が減るのです。

給与収入金額と給与所得控除額（令和2年分以降）

給与収入金額	給与所得控除額
1,625,000円以下	550,000円
1,625,000円超 1,800,000円以下	収入金額×40%−100,000円
1,800,000円超 3,600,000円以下	収入金額×30%+80,000円
3,600,000円超 6,600,000円以下	収入金額×20%+440,000円
6,600,000円超 8,500,000円以下	収入金額×10%+1,100,000円
8,500,000円超	1,950,000円（上限）

◆事業所得を給与所得にするだけで、こんなに節税できる

それでは、①個人事業での所得税、②法人化により給与所得化した所得税、さらに、③所得を分散した場合の二人分の所得税の金額を比較してみましょう（便宜上、所得控除はゼロとする）。

①事業所得1000万円の所得税

所得税額……1000万円×33％－153・6万円＝176・4万円

②給与収入1000万円の所得税

給与所得……1000万円－195万円＝805万円

所得税額……805万円×23％－63・6万円＝121・55万円

③給与所得500万円が2人の所得税

給与所得……500万円－（500万円×20％＋44万円）＝356万円

所得税額……356万円×20％－42・75万円＝28・45万円

二人分の所得税額……28・45万円×2人＝56・9万円

法人化でどこまで節税できる？

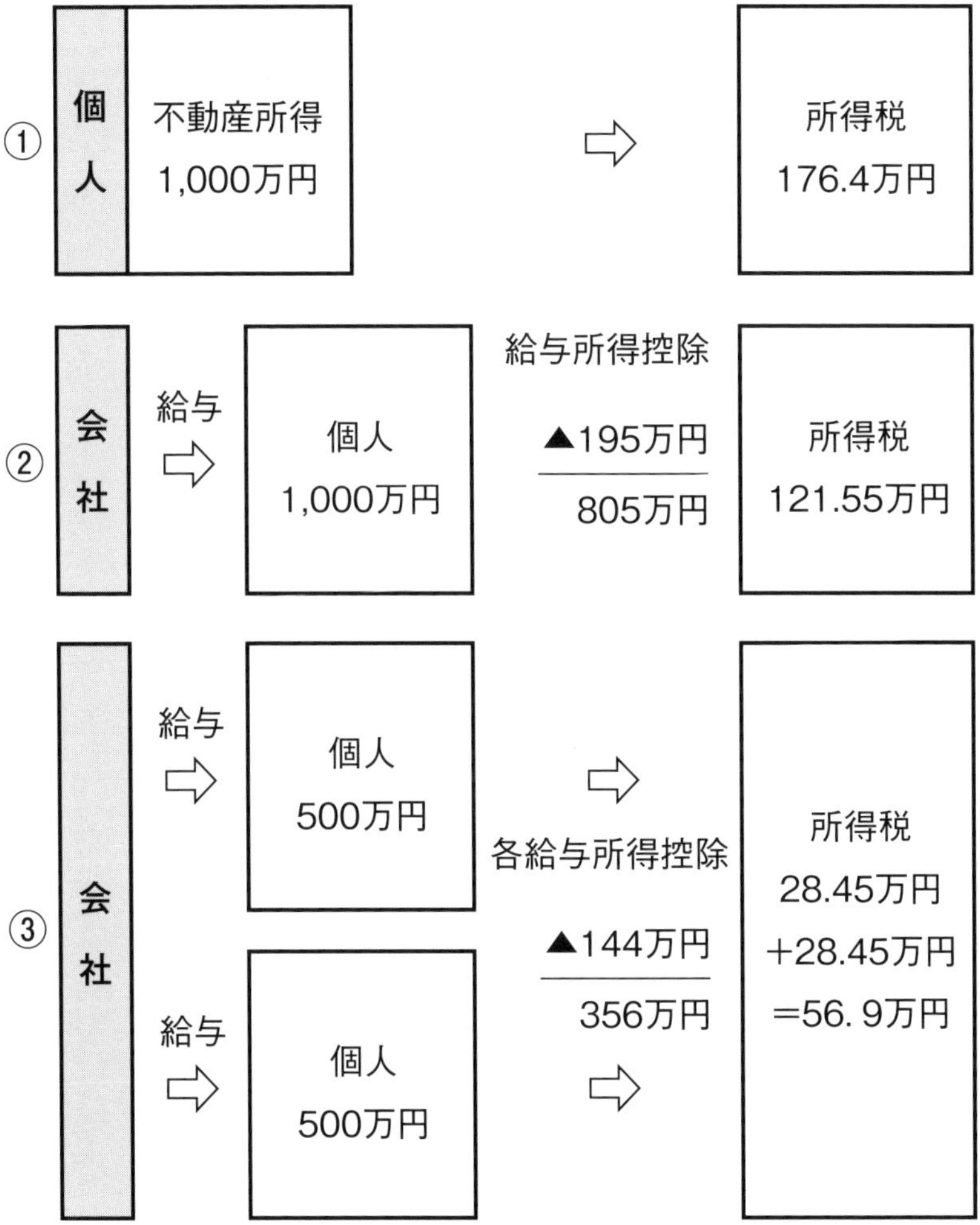
①
個人
不動産所得
1,000万円
所得税
176.4万円
②
会社
給与
個人
1,000万円
給与所得控除
▲195万円
805万円
所得税
121.55万円
③
会社
給与
個人
500万円
給与
個人
500万円
各給与所得控除
▲144万円
356万円
所得税
28.45万円
+28.45万円
=56. 9万円

このように、事業所得1000万円の所得税額176・4万円が、法人化による給与所得化で121・55万円、さらに給与所得者が2人になることにより56・9万円になる仕組みが理解できたと思います。

◆定期同額給与等の注意点

会社の給与（役員の給与を「役員報酬」といいます）の額は、基本的には自由に設定できます。しかし、一定のルールがあります。

役員報酬の改定は、決算日から3カ月を経過する日までに行わないといけません。そして毎月同額の給与（定期同額給与といいます）でなければなりません。

また、会社の決算期途中で役員報酬を増額した場合、増額部分は経費として認めてもらえません。その他役員の賞与や不相当に高額な給与なども経費にはなりません。

利益が出たからといって、役員報酬や役員賞与で会社の所得を調整するということはできませんのでご注意ください。

会社の設立や維持のための費用はどのくらい？

個人事業であればかからなくても会社だとかかる費用があります。税金の負担面では会社が有利でも、会社の設立・維持費用も含めて、個人事業と比べて節税効果がなければ、経済的には個人のままがよかったということになります。会社の設立費用・維持費用を確認しましょう。

◆1　現在の個人所有での損益計算書・貸借対照表の点検

法人化するのは個人の不動産賃貸業です。その個人の不動産損益計算書を点検します。個人所得がなければ法人化も意味がありません。どれぐらいの所得が法人化に適しているかは一概にはいえませんが、前述した600万円ぐらいは必要かと思います。それ以下だったとしても法人化のメリットは税金だけではありませんので、個人の必要性によって考えます。

また、貸借対照表の個人所有不動産の簿価の点検も必要です。これは個人不動産を会社に移転するかどうかの判断に必要だからです。この移転の際には、低い簿価の不動産を時価で譲渡すると、譲渡所得税が課税されてしまいます。

◆2　株式会社の設立費用

株式会社の設立費用は、左ページの表（上段）のように24万円程度必要です。その他、交通費、コピー代、振込手数料、設立後の証明書取得のための費用が必要です。

なお、定款の認証は電子申請ができます。この場合、印紙4万円は不要ですが、この電子申請をできる行政書士や司法書士の手数料（1万5000円～2万円）がかかります。

◆3　合同会社の設立費用

合同会社の設立費用は、左ページの表（下段）のように10万円程度必要です。その他、同じく交通費、コピー代、振込手数料、設立後の証明書取得のための費用が必要です。合同会社では、株式会社のように「定款の認証」がないため、手順ははるかに簡素になっています。定款は電子申請ができ、印紙代4万円は不要ですが、電子申請できる行政書士や司法書士の手数料がかかります（金額は株式会社と同じ）。

◆4　会社の維持費用

個人の所得税の確定申告も会社の税務申告も、1年間（会社は1事業年度）の所得を計算し、確定申告期限（個人は3月15日、会社は決算日の翌日から2（3）カ月以内）までに税務署に申告するとともに納税しなければなりません。会社の税務申告書および決算書等の作成は、個人に比べ複雑で、専門家である税理士・公認会計士の手を借りなければならないところが出てきます。その税理士等の手数料・顧問料で年間25万円ぐらいはかかります。個人でも税理士等へ依頼する場合もありますが、個人のほうが比較的低額（5～15万円）になっています。

また、会社は、所得がないと課税されないというのは個人と同じなのですが、会社には住民税（都道府県民税・市町村民税）で均等割という定額（最低7万円）の税金があります。この均等割という税金は、所得がなくても支払わなければならないもので、赤字会社でも負担があります（第1章27ページ参照）。

会社設立に必要な費用はどれくらい？

株式会社設立に必要な費用→計 24 万円程度	
資本金	1円以上
定款の印紙	4万円（電子申請※だと不要）
公証人認証手数料	5万円
謄本交付手数料	2,000円前後
登録免許税	15万円（厳密には資本金の額×0.7%）

合同会社の設立に必要な費用→計 10 万円程度	
出資金	1円以上
定款の印紙	4万円（電子申請※だと不要）
謄本交付手数料	2,000円前後
登録免許税	6万円（厳密には資本金の額×0.7%）

※代わりに司法書士等への手数料２万円程度が必要。

会社設立で相続税も節税に！

会社設立による所得分散効果は、所得税の節税だけではなく、相続税の節税効果もあります。

それまで個人オーナーに集中していた所得の蓄積が抑制されるため、将来の相続財産の増加も抑制されます。一方給与を受けた親族はその給与を蓄積し、相続税の納税資金等に使うことができます。

想定計算ですが「(所得－所得税等の税金) ×余命年数」の金額分の相続財産の増加が抑えられる計算になります。

たとえば、毎年1000万円の所得を得ていた場合、10年間、個人オーナーで受け取っていた場合は、1000万円×10年＝1億円に相続税がかかりますが、オーナーの給与を500万円とし、残りを配偶者や子どもを従業員として振り分けていた場合、500万円×10年＝5000万円となり、かかる相続税も大幅に変わってきます。

使える経費の幅が広がるので、法人がダンゼン有利

◆1　経費は広く適応できる

個人の所得は、総収入金額から必要経費を控除して計算します。この必要経費ですが、「総収入金額に対応する売上原価のほか、その総収入金額を得るために直接要した費用の額」および「その年に生じた販売費、一般管理費、その他、業務上の費用の額」となります。

個人の場合「その収入を得るための必要経費」として、収入との「ひもつき」が原則です。たとえば、アパートの入居者募集のための広告宣伝費は収入を得るための必要経費になりますが、車両代や交際費などで直接収入を得ることに結びつかない経費は必要経費となりません。

これが会社の場合、売上原価のほか、販売費および一般管理費などを損金としています。必要経費も販売費及び一般管理費も基本的な内容は同じですが、多少範囲が異なります。

会社の存在する目的がそもそも「収益を得ること」であるため、その活動により得られる収入はすべて益金、支払われる支出はすべて損金だと考えられるのです。**そのため、会社のほうが、個人事業と比較して経費とできる範囲が広いと考えられています。**

◆2　減価償却の方法や損金算入が選択制などで法人は有利

不動産賃貸業のために用いられる建物、建物附属設備、機械装置、器具備品、車両などの資産は、時間が経つことで、その価値が減っていく資産です。このような資産を「減価償却資産《げんかしょうきゃくしさん》」といいます。

減価償却資産の取得に要した金額は、取得したとき全額必要経費（損金）にならず、その資産の使用可能期間（法令で耐用年数が定められている）の全期間にわたり、分割して必要経費としていきます。

この減価償却費に関して、会社と個人では取り扱いが異なります。

①減価償却費の計算方法

減価償却費の計算方法は、代表的なものとして「定額法」と「定率法」の２種類があります。

- **定額法……毎年の減価償却費が定額となるように計算する方法**
- **定率法……初期に多額の減価償却費を計上し、その後年々減価償却費が減少する方法**

建物及び建物附属設備構築物については、定額法しか使うことができませんが、それら以外の減価償却資産については、定額法と定率法のいずれかを選択することができます。

納税者にとって、定率法は、初期に多額の経費を計上でき、資産の取得価額を早期に経費化することができるため、一般的に定率法のほうが有利といわれています。

減価償却できる資産・できない資産

減価償却の対象となる資産	減価償却の対象とならない資産
・建物 ・建物附属設備 ・構築物 ・機械装置 ・車両 ・器具備品	・土地（土地の上に存する権利） ・電話加入権 ・書画骨董（※取得価額100万円未満、または時間の経過により価値が減少するものは減価償却資産となる）

②会社は減価償却費を任意償却できる

個人事業の場合は、事業の用に供している資産の減価償却費は、必要経費に計上しなければなりません（＝強制償却）。しかし、会社の場合は減価償却費を計上するか否かは会社の任意とされています（＝任意償却）。

たとえば、**会社で利益が出ていない事業年度については減価償却費を計上せず、利益が出ている事業年度だけ減価償却費を計上することができますが、個人の場合は利益が出ている・出ていないにかかわらず、必ず減価償却費を計上しなければいけません。**

③会社の法定償却方法の基本は定率法

減価償却の計算は、定率法と定額法その他の方法を選択できます。

納税者はいずれかの償却方法を選択することになりますが、選択をしなかった場合、個人は定額法、会社の場合は定率法と定められています（＝法定償却方法）。

なお、個人・会社とも事業開始後、最初の確定申告期限までに「減価償却資産の償却方法の届出書」を提出すれば法定償却方法以外の方法も選択できます。

④会社名義ならすべて事業用にできる

個人名義で所有している減価償却資産は、減価償却費のうち事業で使っている部分は必要経費になりますが、事業で使っていない部分は必要経費になりません。

一方、会社名義で所有している減価償却資産は、すべて事業用となるため、減価償却費を全額経費とすることができます。ただし、会社所有の資産をその役員等が私的に使用するような場合には給与等とみなされる可能性があります。

旅費・交通費や交際費の取り扱いも、法人が有利

①旅費交通費や出張日当《にっとう》の扱い

不動産賃貸業務でも、物件の管理や下見などで現地に移動するための交通費等を支払う場合があります。

個人事業の場合には、実際に支払った旅費交通費のうち、事業に関連するものは必要経費となり、会社の場合も個人と同様に、旅費交通費として実際に支払った金額は必要経費になります。

また、地方や海外の出張に行ったことに伴う出張日当を支払う場合があります。この出張日当ですが、個人の場合には、事業主に対して出張日当を支払っても必要経費と認められませんが、**会社の場合には、出張旅費規程等の社内規定を作成し、その規定に基づいて支給されたものであれば経費として認められます。**

受け取った出張日当を使い切らなかった場合でも、出張旅費規程に基づいて支給されていれば、出張日当として支給した金額がすべて経費になります。

また、出張の際の宿泊代等も同様に出張旅費規程に基づいて支給されていれば、著しく高額な支給でない限り、実際の宿泊代ではなく支給額が経費になります。

出張日当の扱いは、個人と法人で異なる

<table>
<tr><th colspan="2"></th><th>支払先</th><th>経費性の有無</th><th>経費となる金額</th></tr>
<tr><td colspan="2" rowspan="2">個人事業</td><td>実際に
支払った
旅費交通費</td><td>経費となる</td><td>支払った金額</td></tr>
<tr><td>個人事業主に
支払う
出張日当</td><td>経費と
ならない</td><td></td></tr>
<tr><td rowspan="3">会社</td><td></td><td>実際に
支払った
旅費交通費</td><td>経費となる</td><td>支払った金額</td></tr>
<tr><td rowspan="2">出張旅費
規程に
基づく
もの</td><td>従業員に
支払う
出張日当</td><td>経費となる</td><td>日当として
支給した
金額</td></tr>
<tr><td>経営者に
支払う
出張日当</td><td>経費となる</td><td>日当として
支給した
金額</td></tr>
</table>

②出張日当は所得税・住民税の課税対象にならない

会社の場合、出張旅費規程に基づいて支給される出張日当は経費になります。一方、支給を受ける側では、税法上出張旅費規程等に基づき支給され、不相当に高額な支給額でなければ、給与として扱われないため、所得税も住民税も課税されません。

◆交際費の取り扱いも有利に

交際費とは、その事業に関係のある者等に対する接待、贈答等のために支出するものをいいます。この交際費についても、個人事業と会社で取り扱いが異なってきます。

個人事業の場合は、所得税法上交際費の範囲が明確に定められていません。そのため、必要経費として認められる交際費は、支出した交際費のうち「業務の遂行上直接必要と認められるもの」に限定されています。したがって、私的に飲食をしたり、贈答品を購入したりしても、家事関連費として必要経費にはなりません。

不動産賃貸業の場合で考えると、アパート・マンション建築後の落成式の飲食費用や、不動産管理会社へのお中元、お歳暮等の贈答品の購入費用などで、支出されたことが明らかで、かつ相手方、支出額、接待の理由から見てその支出の主たる部分が、もっぱら事業の遂行上必要と認められる場合に限り、必要経費に算入することができます。

法人税法上の交際費の範囲は個人で考えられる交際費よりも広く、また社会通念上の交際費の概念より幅広く定められています。しかし、これは法人税法が交際費を広く認めているという意味ではなく、交際費を冗費《じょうひ》（無駄な費用）と考え、会社の規模により一定額以上を損金と認めないという規定の要請となっています。

交際費の範囲は次のとおりです。

①法人税法上の交際費に該当するもの

交際費、接待費、機密費その他の費用で、会社がその得意先、仕入先その他事業に関係ある者等に対する接待、供応、慰安、贈答その他これらに類する行為のために支出するもの。

②法人税法上の交際費に該当しないもの

A　専ら従業員のために行われる運動会、演芸会、旅行等のために通常要する費用。

B　飲食その他これに類する行為のために要する費用で参加者1人当たり5000円以下の費用。（※）

C　カレンダー、手帳、扇子、うちわ、手ぬぐい、その他これらに類する物品を贈与するために通常要する費用。

D　会議に関連して、茶菓、弁当その他これらに類する飲食物を供与するために通常要する費用。

E　新聞、雑誌等の出版物または放送番組を編集するために行われる座談会その他記事の収集のために、又は放送のための取材に通常要する費用。

（※）1人当たり5000円以下の飲食代を経費に計上するために、次の事項を記載した書類を保存している必要があります。

①飲食等の年月日、②飲食等に参加した得意先・仕入先その他事業に関係ある者等の氏名、または名称および関係、③飲食等に参加した者の数、④その費用の金額ならびに、飲食店等の名称および所在地（店舗が

ない等の理由で名称、または所在地が明らかでないときは、領収書等に記載された支払先の名称、住所)、

⑤その他参考となるべき事項。

③中小法人の交際費課税

中小会社(資本金1億円以下の会社)が支出した接待交際費のうち、年間800万円までは損金算入されます(定額基準)。この交際費には得意先接待の他社内交際費等も含みます。

また社内交際費等を含まない飲食費(得意先接待や得意先慶弔費等交際費の範囲が狭い)については、前記定額基準に替え、その50%を損金算入するという規定もあります。

中小企業の場合はこのどちらかの制度を選択しますが、ほとんどの中小会社は交際費800万円の定額基準のほうが有利です。800万円を超える交際費は経費と認められませんが、不動産賃貸業において交際費が800万円を超えることは通常考えられませんので、交際費については、個人事業も会社も基本的には変わりなく経費に計上できることになります(次ページ参照)。

交際費はどのくらい経費になるか？

<table>
<tr><th colspan="2"></th><th>内　容</th><th>経費となる金額</th></tr>
<tr><td colspan="2" rowspan="2">個人事業</td><td>業務遂行上
直接必要なもの</td><td>全額</td></tr>
<tr><td>上記以外のもの</td><td>必要経費と
ならない</td></tr>
<tr><td rowspan="3">会
社</td><td>資本金
1億円超の
法人</td><td>支出金額・
内容は関係なし</td><td>必要経費と
ならない</td></tr>
<tr><td rowspan="2">資本金
1億円以下の
中小法人</td><td>交際費で
年間支出額
800万円以下</td><td>全額</td></tr>
<tr><td>交際費で
年間支出額
800万円超</td><td>800万円まで</td></tr>
</table>

※法人の場合、上記基準のほかに、接待飲食費の 50%を損金とする規定からも選択することができます。

退職金が損金になるため有利

◆①退職金が損金になる

一般的に、会社を退職すると「退職金」が支給されますが、個人事業主の場合は、自分に給与を支払うことができないため、退職金も支払うことができません。したがって個人事業主が自分に支払った退職金は、当然、経費と認められません。

一方、会社の場合、役員に対する退職金は、「不相当に高額な部分の金額」を除き、原則損金となります。

したがって、会社にすることにより、社長や家族である役員に対しても退職金を支払うことができるため、個人事業に比べて有利になります。

また、受け取った個人においても退職所得に該当するため、所得税法上でも優遇を受けることができます（次ページ③参照）。

◆②役員退職金の適正額

退職金は通常、会社で取り決めた退職金制度に基づき支払われます。従業員退職金はその制度に基づき支払われていれば、特別な場合を除き損金とされます。

一方、役員退職金は、株主総会で決議された退職金規程によることが原則ですが、役員が業務に従事した期間、退職の事情、同業他社で事業規模が類似する会社の支給状況等から判断すると規定されています。すなわち、形式的には退職金規程、さらに実質的にその退職金が相当であるか判断されることになります。

一般的には次の算式で計算することが多いです。

役員の最終報酬月額×役員在任年数×功績倍率

この場合の功績倍率は、同規模の同業他社と比較して平均的な倍率を設定することが望ましいとされています。社長であれば一般的に2~3倍程度が妥当とされています。

たとえば退職時の役員報酬が月額100万円、役員在任年数40年、功績倍率2倍の場合だと、100万円×40年×2＝8000万円となります。

◆③退職金は所得税法上も優遇される

退職一時金等は、給与所得ではなく、退職所得に分類され、他の所得とは分けて税金を計算される分離課税方式となっています。**退職所得は長年働いた結果に報いる報酬的な要素もあり、通常のほかの所得と比べて、税制面でもかなり優遇されています。**

退職所得の税金は次の算式により計算します。

A　退職所得控除がある。

・**勤続年数20年以下……40万円×勤続年数（最低80万円）**

・**勤続年数20年超……８００万円＋70万円×（勤続年数－20年）**

退職所得控除額は、勤続年数に応じて計算方法が異なります。勤続年数が長いほど退職所得控除額が多くなり、有利になります。

退職所得の金額＝（退職金等の額－退職所得控除額）×２分の１

B　退職所得控除後の２分の１の金額に対してのみ所得税、住民税がかかる。（※）

（※）勤続年数が５年以下で一定の要件に該当する役員退職金については、退職所得控除後の退職金の額のうち３００万円を超える部分には２分の１とする措置はありません。

C　分離課税で計算されるため税率が低くなる。

会社で生命保険に加入すると保険料が損金になる

◆①個人の場合、生命保険料は経費に計上できない

生命保険料について、個人事業主が被保険者となっている場合、支払う生命保険料や家族のために支払う生命保険料は、生命保険の種類を問わず必要経費に算入できません。

個人事業主が自己や家族のために支払った生命保険料は、最高４万円（平成23年12月31日以前に締結した保険契約等に係る保険料の場合は最高５万円）まで所得控除として控除することができますが、限度額を超える保険料については控除することができません。

◆②法人の生命保険料の取り扱い

Ａ　定期保険

定期保険とは、一定期間内に被保険者が死亡した場合にのみ保険金が支払われる生命保険で、養老保険のように生存保険金の支払いのない保険金をいいます。会社が契約者となり、役員を被保険者とする定期保険に加入して支払った保険料は、保険金の受取人に応じて次ページ表のとおりに取り扱われます。

保険料は、保険金の受取人によって扱いが変わる

死亡保険金の受取人が会社の場合
支払った保険料の額は、期間の経過に応じて損金の額に算入します。
死亡保険金の受取人が被保険者の遺族である場合
その支払った保険料の額は、期間の経過に応じて損金の額に算入しますが、役員等を被保険者としている場合には、その保険料の額はその役員に対する役員給与となります。役員に対する給与とされる保険料の額で、会社が経常的に負担するものは、定期同額給与となります。
死亡保険金および生存保険金の受取人が会社の場合
支払った保険料の額は、保険事故の発生または保険契約の解除、もしくは失効によりその保険契約が終了する時まで損金の額に算入されず、資産に計上する必要があります。
死亡保険金および生存保険金の受取人が被保険者、またはその遺族の場合
支払った保険料の額は、その役員に対する給与となります。
死亡保険金の受取人が被保険者の遺族で、生存保険金の受取人が会社の場合
支払った保険料の額のうち、その2分の1に相当する金額は資産に計上し、残額は期間の経過に応じて損金の額に算入します。

また、長期間におよぶ保険料を一括で支払った場合には、支払った保険料のうち、その期の部分に応じた金額までしか損金の額に算入できません。残りの部分は前払い保険料として資産計上し、それぞれの保険期間に対応する金額を取り崩して損金の額に算入します。

また、死亡保険金や保険契約にかかる配当を会社が受け取った場合には、その支払いの通知を受けた日に属する事業年度の「益金の額」に算入します※。

B　第三分野保険

第三分野保険とは、医療保険、がん保険、介護保険、障害保険などさまざまな種類があります。たとえば、被保険者が病気や怪我等の一定の事由に該当した場合に保険金または給付金が支払われる保険をいいます。

C　養老保険

養老保険とは、満期または被保険者の死亡によって保険金が支払われる生命保険です。会社が契約者となり、役員を被保険者とする養老保険に加入して支払った保険料は、保険金の受取人に応じて取り扱われます。ただし、役員のみを被保険者としている場合には、2分の1損金以外の残額はそれぞれその役員に対する給与になります。

※令和元年7月8日以降契約の定期保険及び第三分野保険の法人契約の保険については、従来の全額もしくは一部の損金計上ができなくなり、損金算入が制限されることになりました。

最高解約返戻率が50％以下の保険については支払い保険料が全額損金算入されますが、50％を超えると次ページの表のとおり、保険料の一定部分を資産計上しなければなりません。

定期保険と第三分野保険

<table>
<tr><th>最高解約返戻率</th><th>資産計上期間</th><th>資産計上額</th><th>取り崩し期間</th></tr>
<tr><td>50%以下</td><td colspan="3">支払い保険料の全額が損金算入</td></tr>
<tr><td>50%超
70%以下</td><td rowspan="2">保険期間の前半40%経過するまで</td><td>当期分支払い保険料の 40%</td><td rowspan="2">保険期間の75%経過後から保険期間終了まで</td></tr>
<tr><td>70%超
85%以下</td><td>当期分支払い保険料の 60%</td></tr>
<tr><td>85%超</td><td>最高解約返戻率となる時まで</td><td>当期分支払い保険料×最高解約返礼率の70%</td><td>最高解約返戻額となる時期経過後から保険期間終了まで</td></tr>
</table>

※保険期間が 3 年未満の保険、当期支払保険料が 30 万円以下の一定の保険も全額損金算入

別途細かな規定が適用される場合がありますが、ここでは省略しています。

◆③会社が解約返戻金や死亡保険金を受け取る時期

会社が生命保険料を支払った場合には、全部または一部を損金の額に算入することができます。会社が解約返戻金や死亡保険金を受け取った場合には、その支払いの通知を受けた日の属する事業年度の益金の額に算入され、法人税が課税されます。

しかし、保険金を原資として退職金（損金）を支払う時期とその保険金（益金）を受け取った時期が同じ事業年度であれば、損金と益金をうまく相殺することができます。

さらに、個人が退職金の支払いを受けると退職所得となり、税制上の優遇を受けられます。退職金は退職所得控除後の２分の１が所得として課税されることとなっており、一般の所得よりは低い税負担となっています。

また、死亡退職金として相続人が受け取る場合には、相続税法上の「退職金の非課税枠（５００万円×法定相続人の人数）」を活用することができます。

損益通算、繰越控除でも法人税が有利

◆損益通算と繰越控除

アパート・マンション経営をしていると、不動産の売却で損をする場合や大規模修繕で損失（赤字）になる場合なども考えられます。このようなケースで、損失を同じ年のほかの所得と相殺することを損益通算《そんえきつうさん》といい、損益通算しても相殺しきれなかった損失を翌年以降の所得と相殺することを繰越控除《くりこしこうじょ》といいます。

この損益通算・繰越控除の取り扱いも、個人と会社で大きく異なります。

◆①個人事業主の損益通算

個人事業主の場合は、所得を区分して所得税を計算します。そのため、損失も損益通算できるものとできないものがあります。

A　不動産所得の損失

アパートやマンションの賃料収入等から管理費等の経費を控除して、不動産所得を計算します。この計算で経費が大きくなり損失が出た場合には、その損失は、事業所得、給与所得などと損益通算（全体を合わせて計算）することができますが、不動産の売却にかかる譲渡所得とは通算ができません。

また、不動産所得の損失の中に土地購入の負債利子がある場合、その負債利子相当分の損失は損益通算できません。

B　譲渡所得の損失

アパートやマンションの売却をした場合、譲渡所得を計算します。譲渡所得は、譲渡収入から取得費（原則として購入金額）と譲渡費用を控除することにより計算します。購入時よりも大幅に低い金額で売却した場合には損失が出ます。**不動産所得の損失と異なり、アパートやマンションの譲渡所得の損失は、アパートやマンションにかかる不動産所得や給与所得などと損益通算ができません。**

ただし、同じ年内にほかの不動産を譲渡して譲渡所得がある場合、譲渡所得と譲渡損失との損益通算はできます。

◆②会社の損益通算

会社は個人と異なり、アパートやマンションの賃料収入も不動産の売却もすべて合算して所得を計算します。大規模修繕があった事業年度の場合などは不動産所得が損失となることもありますが、この損失と不動産の売却益との通算が可能となります。逆に、アパートやマンションの売却損があっても、その損失は不動産所得など会社のほかの所得と損益通算ができないということはなく、損益通算後の損失は繰越控除されます。

このことから、損益通算においても会社のほうが有利といえます。

◆繰越控除

損益通算の対象となる損失の金額で、損益通算しても控除しきれない損失の金額は、翌年以降に繰り越すことができます。しかし、個人と会社では取り扱いが異なります。個人の場合は、損失を最大3年間繰り越すことができるのに対し、会社は最大10年間です。

繰越控除も会社経営が有利です。

相続税・贈与税の節税効果も！

◆1　所得の蓄積を抑制

さらに、法人化することで、相続税の抑制にも効果があります。

不動産オーナー以外の者を不動産管理会社の役員とすることによって、そのオーナーに所得（給与）と資産（現金）が集中する状況を解消することができます（＝所得分散効果）。

また、将来の相続人を役員とし、その将来の相続人に役員報酬（給与）として現金を支給することによって、不動産オーナーに蓄積される現金は減少するため、**将来の相続財産の増加が抑制され、相続税の負担が軽減される効果があります。**

なお、役員就任には年齢制限はありませんが、誰でもいいことにはなりません。不動産管理運営業務を遂行するにあたり、必要最低限の能力を持ち合わせた者を役員とすべきです。

たとえば、幼児などの判断能力にとぼしいと認められる者を役員とした場合には、役員としての実体性を否認される可能性は高いと思われますので、ご注意ください。サラリーマンを役員とする際にも注意が必要です。就業規則等で副業の禁止など制限している場合があり、事前に許可や確認を取らないと、勤務先とのトラブルとなる可能性があります。

◆2　土地の評価を落とす

会社で賃貸経営した場合、不動産オーナーの相続時において、そのオーナーの有していた株式は相続税の課税対象になります。

株式の評価額を計算する上では、その会社が有する財産を1つずつ評価することになるので、この点においては個人で賃貸経営している場合と同様です。しかし、株式の評価額は類似業種の株価との比較等の要素が加味されるため、**一般的には個人で賃貸用不動産を所有している場合と比べて割安になり、相続税の負担が軽減されます。**

たとえば、土地を個人で所有した場合には土地価格の上昇が路線価に反映されて、そのまま課税されてしまいます。

一方、会社で土地を所有した場合にはその土地は会社の株式の評価により間接的に評価されます。この会社の株式（取引相場のない会社の株式）の評価は、多くの場合で純資産価額方式と類似業種比準価額方式の「ミックス方式」で評価されます。

純資産価額方式では、土地の含み益を算出し、含み益の37％（法人税額等）相当分を控除したあとの金額で評価します。

類似業種比準価額方式では、会社の配当や利益、純資産をもとに株価の算定を行い、通常は純資産価額よりも低い評価額になります（土地所有特定会社を除く）。

したがって、土地を個人で所有している場合よりも、実質的な評価額を下げる（＝かかる税金を小さくする）ことができます。

◆3　株式を相続人所有として、相続税対策する

不動産オーナーを株主とするよりも、そのオーナーの将来の相続において相続人となる者（後継者）を株主としたほうが、有利になります。なぜなら、不動産オーナーを株主としてしまうと、不動産管理会社の株式が相続財産になるからです。

不動産管理会社が毎期利益を内部留保していく場合には、時の経過とともに純資産が増加するため、その会社の企業価値は年々上昇していきます。

オーナーが株主であるということは、株式がそのオーナーの相続財産を構成することを意味するため、相続時にその株式が高く評価された場合には、多額の相続税を負担しなければなりません。

株式を早期に将来の相続人に移転させておくことで、将来発生し得る相続税の負担を軽減することができます。

ただし、不動産オーナーの配偶者を除いて後継者以外の者が株式を所有することは避けるべきです。たと

えば、建物所有会社で長男と次男が2人とも株式を所有した場合、間接的に長男と次男で建物を共有することになるからです。

また、将来、株式の買い取りで、もめる可能性もあります。

たとえば、2つの不動産があり、オーナーが相続人それぞれに承継させたいと思っている場合には、会社を2社設立し、それぞれが出資者になるのも1つの方法です。

もちろん、誰を株主とするかについては、中長期的な視点に基づいて、事前に十分な検討が必要になります。

◆4　株式は分割贈与が可能で、不動産取得税・登記費用がかからない

会社で賃貸経営をした場合には、生前から少しずつ後継者に株式を贈与することが可能です。賃貸不動産そのものを分割して贈与すると、そのつど、登録免許税（登記費用）や不動産取得税がかかりますが、株式の贈与の場合にはこれらの税金がかかりません。

贈与税の問題については、贈与するタイミングと株式数を調整することで、贈与税額の負担を加減できます。

贈与税は暦年（1月1日から12月31日までが1つの単位）ごとに110万円までは贈与税が課税されません。加えて相続時精算課税制度を適用すれば、さらに2500万円まで贈与税を無税とすることができます（ただしこの2500万円は相続発生時に加算されます）。

たとえば、会社設立時に後継者が決まっていない場合には、オーナー本人または配偶者が設立時に出資をし、後継者が決まった段階で売買か贈与により株式を後継者に渡します。

◆5　貸家建付地の評価減が継続（サブリース方式の場合）

不動産オーナーが所有するマンションやアパートなどの建物を一括して不動産管理会社に貸し付けている場合（サブリース方式）、その建物の敷地の用に供されている宅地については、たとえオーナーの相続時に空室があったとしても、不動産管理会社が借家権をもっているものとして、原則的にはその敷地全体を貸家建付地として評価することができます。

したがって、サブリースをする前の貸家建付地の評価減が継続します。

ただし、不動産オーナーが設立した不動産管理会社自体が積極的な入居者確保等のための事業活動を行わず、他の市中の不動産管理会社に業務を再委託するなど、一括貸付けの目的が、入居者の有無にかかわらず常時貸家建付地評価を受けるためのみであると課税庁に認定された場合には、租税回避行為に該当するものとして、貸家建付地としての評価を行うことはできないと考えられます（自用地としての評価になります）。

◆6　無償返還届出書が出ている場合も評価減あり（建物所有方式の場合）

無償返還方式により、オーナーが所有する土地を不動産管理会社（建物所有）に貸し付けていた場合、オーナーの相続時において、その土地は貸宅地として「自用地評価額×80％」で評価します。

つまり、借地について権利金の授受をしていないにもかかわらず、20％の評価減がされます。

これは、借地借家法上、借地権が設定されているということで何らかの制約を受けるため、その分の評価を下げるという考え方に基づいています。

評価減された20％分は、建物所有会社の株価評価に反映されます。

ただし、届出書を提出していても固定資産税・都市計画税相当額以下の地代の授受しかされていないために使用貸借とされた場合には、その土地の評価額は「自用地評価額（100％）」となりますのでご注意ください。

次ページに、「土地の無償返還に関する届出書」の記入例を掲載しましたので、ご参照ください。

（契約の概要等）

1　契約の種類　賃貸借契約

2　土地の使用目的　共同住宅の敷地

3　契約期間　令和 3 年 12 月 ～ 令和　　年 11 月

4　建物等の状況

(1)　種　　類　共同住宅

(2)　構造及び用途　鉄骨造

(3)　建築面積等　300 m²

5　土地の価額等

(1)　土地の価額　103,950,000 円　（財産評価額 83,160,000円）

(2)　地代の年額　320,000 円

6　特約事項

7　土地の形状及び使用状況等を示す略図

8　添付書類　(1) 契約書の写し　(2)

2通提出（添付書類含む）

土地の無償返還に関する届出書

※整理事項	1 土地所有者 2 借地人等	整理簿	
		番号	
		確認	

受付印

令和 3 年 10 月 1 日

~~国税局長~~
税務署長 殿

土地所有者 相田幸司 は、（借地権の設定等（丸囲み）／使用貸借契約）により下記の土地を 令和 3 年 12 月 1 日から 株式会社アイダ に使用させることとしましたが、その契約に基づき将来借地人等から無償で土地の返還を受けることになっていますので、その旨を届け出ます。

なお、下記の土地の所有又は使用に関する権利等に変動が生じた場合には、速やかにその旨を届け出ることとします。

記

土地の表示

所在地	東京都渋谷区初台1丁目X番△	
地目及び面積	宅地	264 ㎡

	（土地所有者）	（借地人等）
住所又は所在地	〒151-0061 東京都渋谷区初台1丁目X番△ 電話（03）XXXX－0000	〒151-0061 東京都渋谷区初台1丁目X番△ 電話（03）XXXX－0000
氏名又は名称	相田幸司	株式会社アイダ
代表者氏名		相田治彦

	（土地所有者が連結申告法人の場合）	（借地人等が連結申告法人の場合）
連結親法人の納税地	〒 電話（　　）　－	〒 電話（　　）　－
連結親法人名等		
連結親法人等の代表者氏名		

借地人等と土地所有者との関係	借地人等又はその連結親法人の所轄税務署又は所轄国税局

02.12 改正

第３章

なるほど！
不動産管理会社のしくみ

不動産管理会社には４つの形態があります

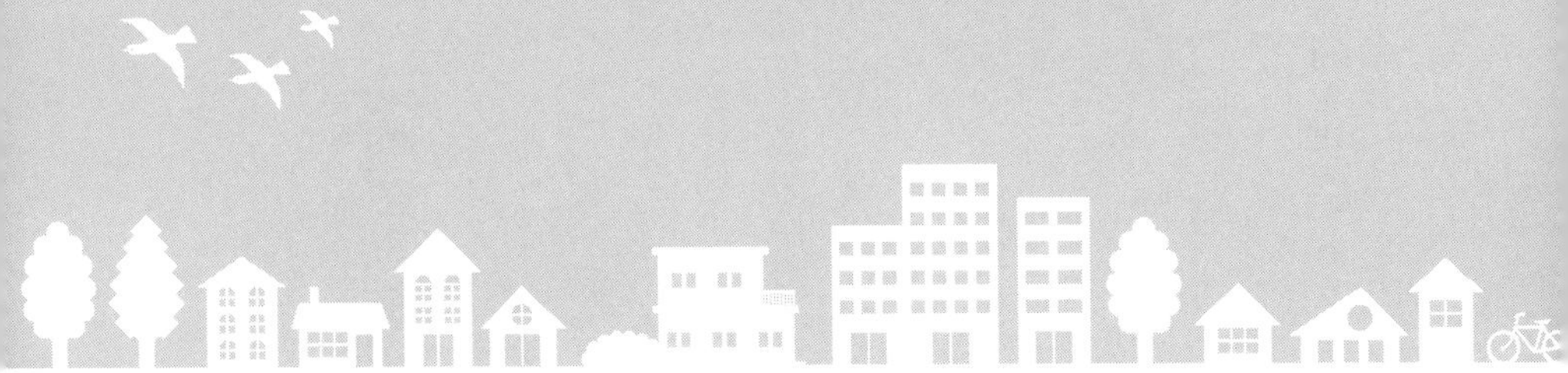

アパート・マンション経営をするにあたって、法人化は、メリットが多いことを説明してきました。「さっそく法人にしよう」と思った人は、ちょっと待ってください。法人化には、主に「不動産管理専門会社」「サブリース会社」「建物所有会社」「土地建物所有会社」の４つの形態があるからです。この章では、その４つの形態とその長所・短所について説明していきます。

法人化形態その1　不動産管理専門会社

この章では、法人化の主な4つの形態について説明していきます。まずは1つめ、「不動産管理専門会社」です。これは、個人が所有する不動産を移動することなく、会社は不動産の管理を専門に行う形式です。賃貸借契約もオーナーがテナントと直接締結します。管理会社は建物のメンテナンスや清掃などの管理、テナント賃料の集金代行や入退去時点検などの管理を行います。管理委託契約を結ぶことにより、管理会社には管理手数料を支払います。

管理手数料は、基本的には両者の合意で決まりますが、一般的相場を超えることはできません。不当に高額だと、税務上否認される可能性があります。

この額は、家賃収入の5％～8％が限度であるといわれ、管理会社はこの管理手数料が売上となります。

◆不動産管理専門会社の管理業務の内容

管理専門会社が行う管理業務の内容によって管理料が定められます。一般的な管理業務としては、次のような業務が考えられます。

不動産管理専門会社のイメージ

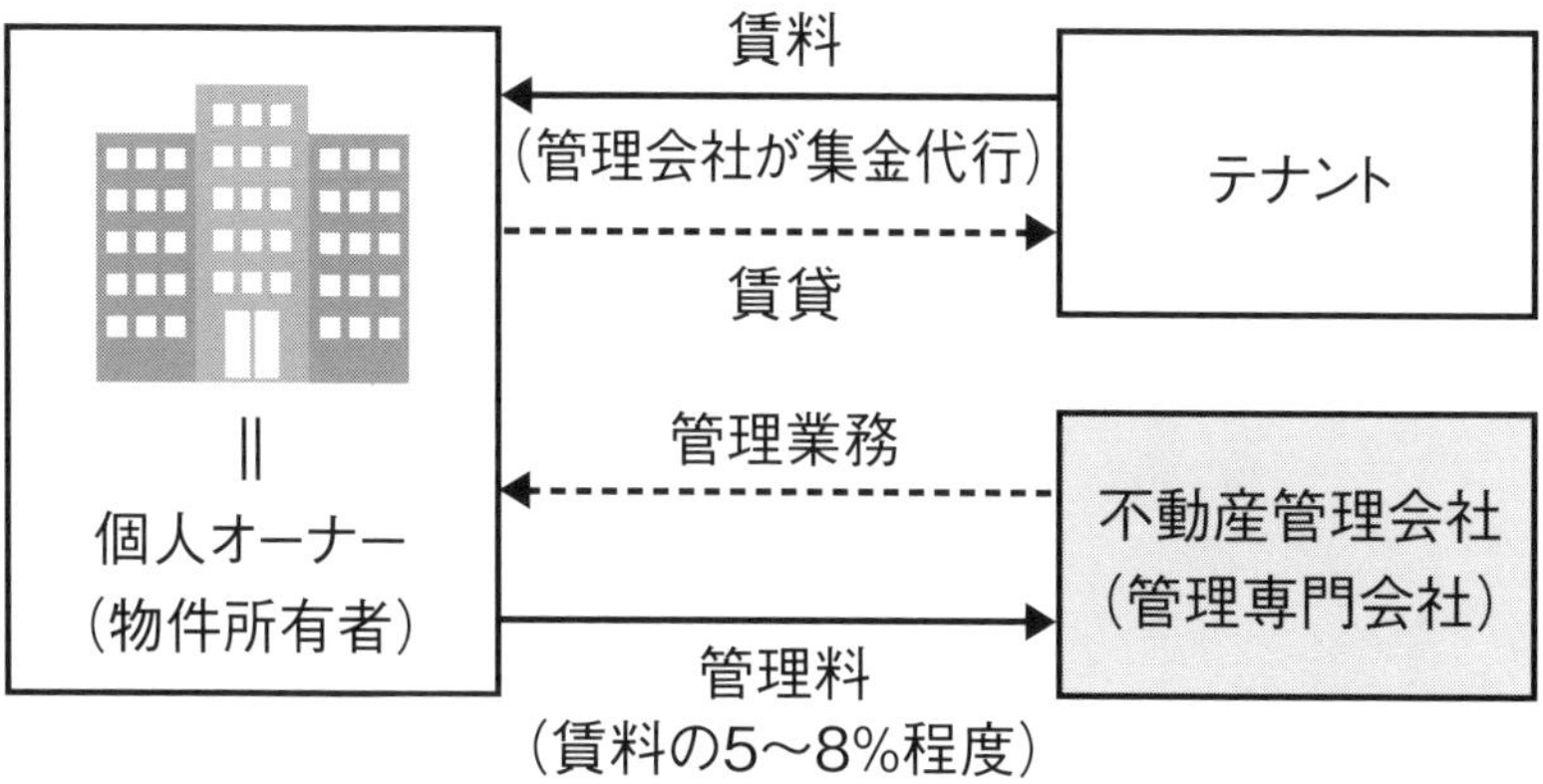

①賃料の集金代行
②賃貸物件の清掃・補修等の手配・立ち会い・点検
③賃貸借契約の締結、更新、解約などの手続き

これらの業務内容に応じて、近隣の相場などを勘案の上、管理料を定めることが必要です。また、管理業務の内容、管理料などは管理委託契約書に記載します。

管理料は契約で自由に定めることができます。ただし、その管理手数料が世間一般的に行われている管理会社の手数料と著しくかけ離れていると、租税負担を不当に免れるための行為と見なされ課税当局から否認されますので、一般的相場の管理手数料を参考に、管理専門会社の管理業務の内容、管理戸数等から管理料を決定しましょう。

管理住戸の大きさ、立地条件、建物構造等でも管理料は変わります。

管理専門会社は空室リスクを負わないので、それを負うサブリース会社（次項で説明）よりは管理料は低くなります。

◆管理専門会社の長所

管理専門会社はほかの不動産管理会社の形態に比べて、スキーム（枠組みを伴った計画）を簡単に作れるというのが最大のメリットです。

会社を設立し、管理委託契約書を作る（オーナー⇕管理会社）、テナントへの管理会社選定の通知で業務をスタートさせることができます。

◆管理専門会社の短所

管理専門会社による方式は所得移転できる金額に限りがあります。前述のとおり、管理料は管理の業務の実態に応じて相場をもとに算定されることになりますが、通常、家賃収入の5％～8％が限度ですので、これが所得移転できる金額の限度となります。

したがって、家賃総額の5～8％だけが会社の収入となることから、家賃収入の総額が問題となります。

会社設立のためのコストやその後の維持管理コストはこの収入でまかなわなければなりません。

管理専門会社のスキームによる節税金額よりも、維持管理のコストのほうが高くなってしまうケースも想定されます。

不動産管理専門会社への所得移転

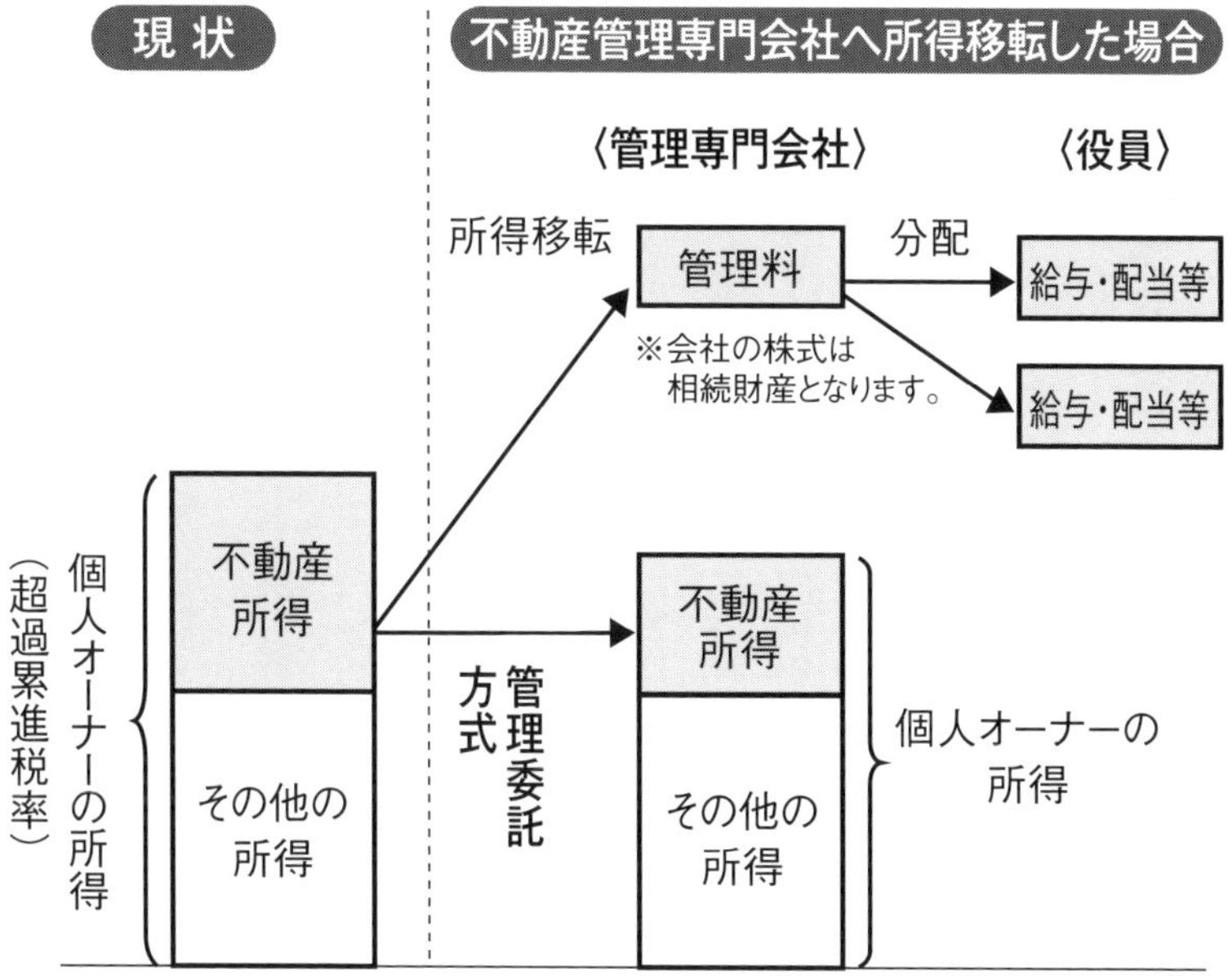

法人化形態その2　サブリース会社

個人が所有する不動産を移動することなく、オーナーは所有する建物をサブリース会社に一括賃貸します（＝転貸。借りた物件を別の人に貸すこと）。

サブリース会社は自己の責任で、自己を貸主としてテナントへ転貸します。建物のメンテナンスや清掃などの管理、入退去時点検などの管理も、もちろんサブリース会社が行います。

オーナーは家賃収入を受けるだけ。この一括賃貸の場合、サブリース会社の想定手数料は10％～15％となります。サブリース会社は世間相場でテナントに賃貸しますが、オーナーとはその相場家賃の10％～15％低い家賃で賃貸借契約を結びます。

世間相場の変動と空室家賃保証がサブリース会社のリスクとなるため、管理専門会社より高い手数料となります。

◆サブリース会社の業務の内容

サブリース会社のスキームでは、不動産の所有者は個人のままで、サブリース会社が借り受けます。サブ

サブリース会社のイメージ

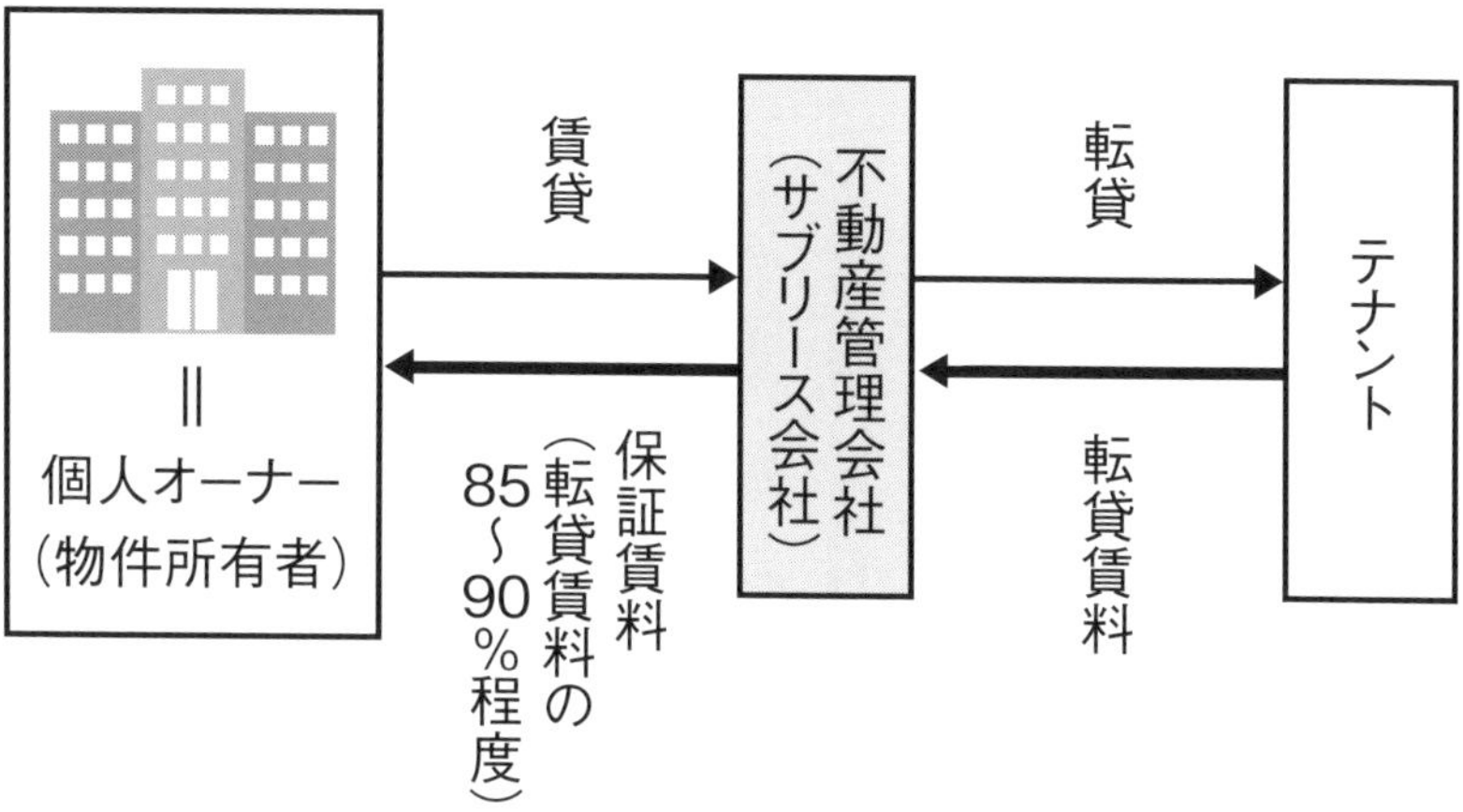

リース会社の業務の内容としては、次のような業務が考えられます。

①賃料の直接集金
②賃貸物件の清掃・補修等の手配・立ち会い・点検
③賃貸借契約の締結、更新、解約などの手続き
④賃貸物件のリフォーム
⑤保証家賃の支払い

個人オーナーからすると、空室のリスクに関係なく、安定して家賃収入を得ることができるメリットは大きいでしょう。不動産の管理もすべてサブリース会社が行うので、その分も保証家賃に加味されます。契約形態は、賃貸借契約書（オーナー⇔サブリース会社）、転貸借契約書（サブリース会社⇔テナント）となります。オーナーは、テナントへの賃貸人変更の通知もしなければなりません。

なお、基本的に保証家賃の金額は自由に定めることができますが、同族会社のサブリース会社の場合、その保証家賃の金額が世間一般的に行われている保証家賃の金額と著しくかけ離れていると、租税負担を不当に免れるための行為と見なされ、課税当局から否認されます。

一般的相場の保証家賃の金額を参考に、サブリース会社の管理業務の内容、空室リスクを負う等の内容から、保証家賃の金額を決定します。管理戸数、立地条件、建物構造等でも保証家賃の金額は変わります。

サブリース会社は空室リスクを負うため、管理専門会社の管理手数料よりは家賃差額は高くなります。

◆サブリース会社の長所

サブリース会社は、管理専門会社と土地建物所有会社の中間に近い位置づけです。**管理専門会社に比べ、手数料は増えますので、所得移転できる金額は増えます。**

また、サブリース会社はテナントとの賃貸借契約を直接行うことになりますので、もともと個人オーナーとしてテナントと結んでいた賃貸借契約の貸主変更をしなければなりません。賃貸人変更によっても賃貸契約は前契約を引き継ぎます。契約内容の変更は契約期間満了まで変更することはできません。

◆サブリース会社の短所

サブリース会社の短所は、**保証家賃で世間相場の判断を誤ると、手数料に影響を及ぼすという点です。想定の収入が得られない危険もあります。**一般的にいわれている10％～15％の手数料はプロの不動産会社のも

サブリース会社への所得移転

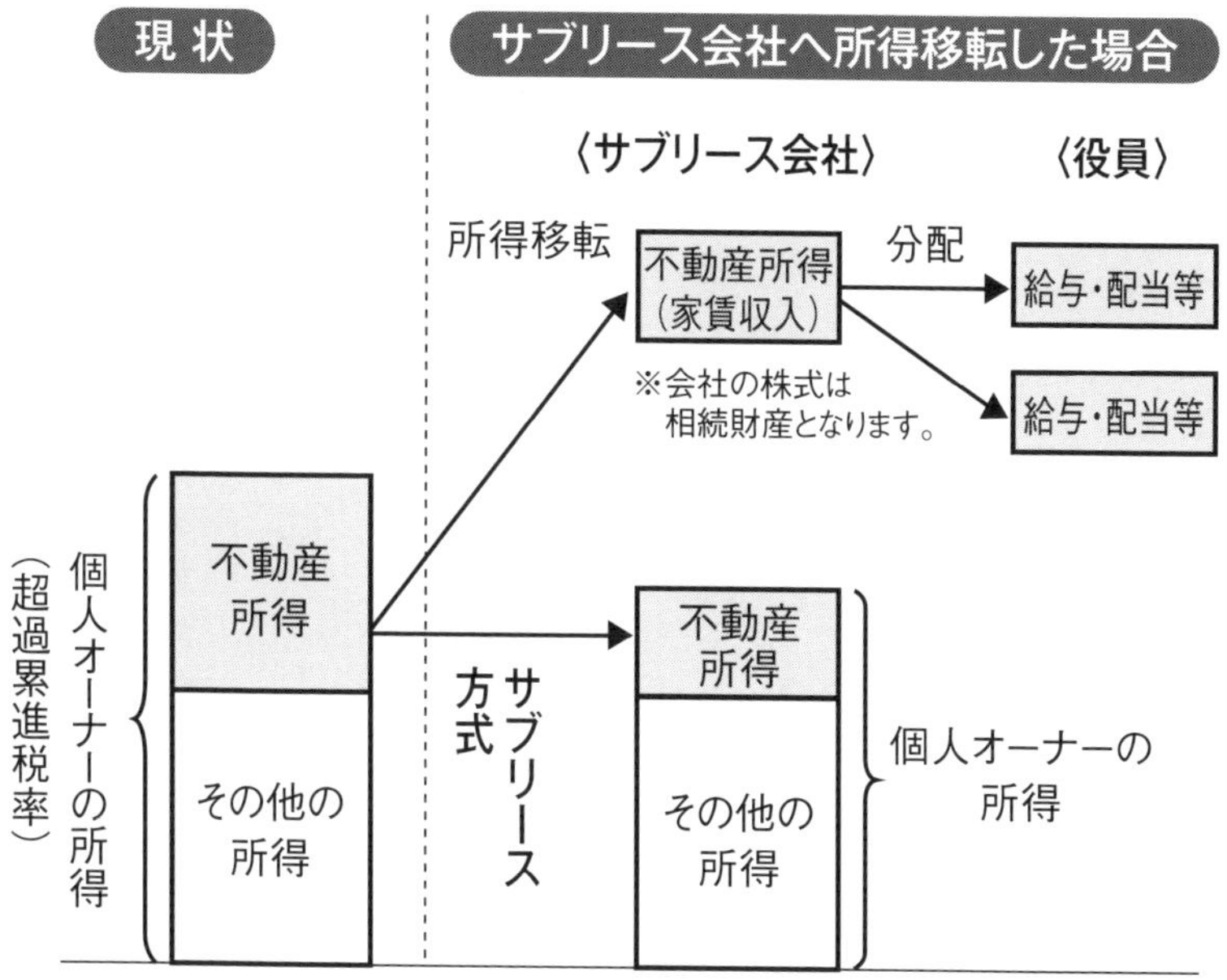

ので、オーナー家族主体のサブリース会社ですと、相場を見誤る危険があります。

このサブリース方式も、会社設立のためのコストやその後の維持管理コストを考えると、管理型会社と同様に、節税金額よりもコストのほうが高くなってしまうケースも想定されます。

サブリース会社を利用することによる節税額とコストのシミュレーションをするなど、具体的プランは専門家に相談してください。

法人化形態その3　建物所有会社

「建物所有会社」とは、個人オーナーが所有している賃貸用土地建物のうち建物を建物所有会社に移転する方法、またはオーナーが所有する土地の上に会社が賃貸用建物を建築する方法です。**家賃収入を建物所有会社が直接収受するため、個人オーナーの大幅な所得税対策になります。**

◆建物所有会社の業務の内容

建物所有会社のスキームでは、建物の所有者が個人から会社へ移ります。したがって、建物から生じる家賃などの収入も、賃貸借契約に関する手続きや補修なども、すべて建物所有会社に帰属します。建物所有会社の主な業務内容としては、以下のものが考えられます。

①賃料の直接受領
②賃貸物件の清掃・補修等
③賃貸借契約の直接の締結、更新、解約などの手続き

建物所有会社のイメージ

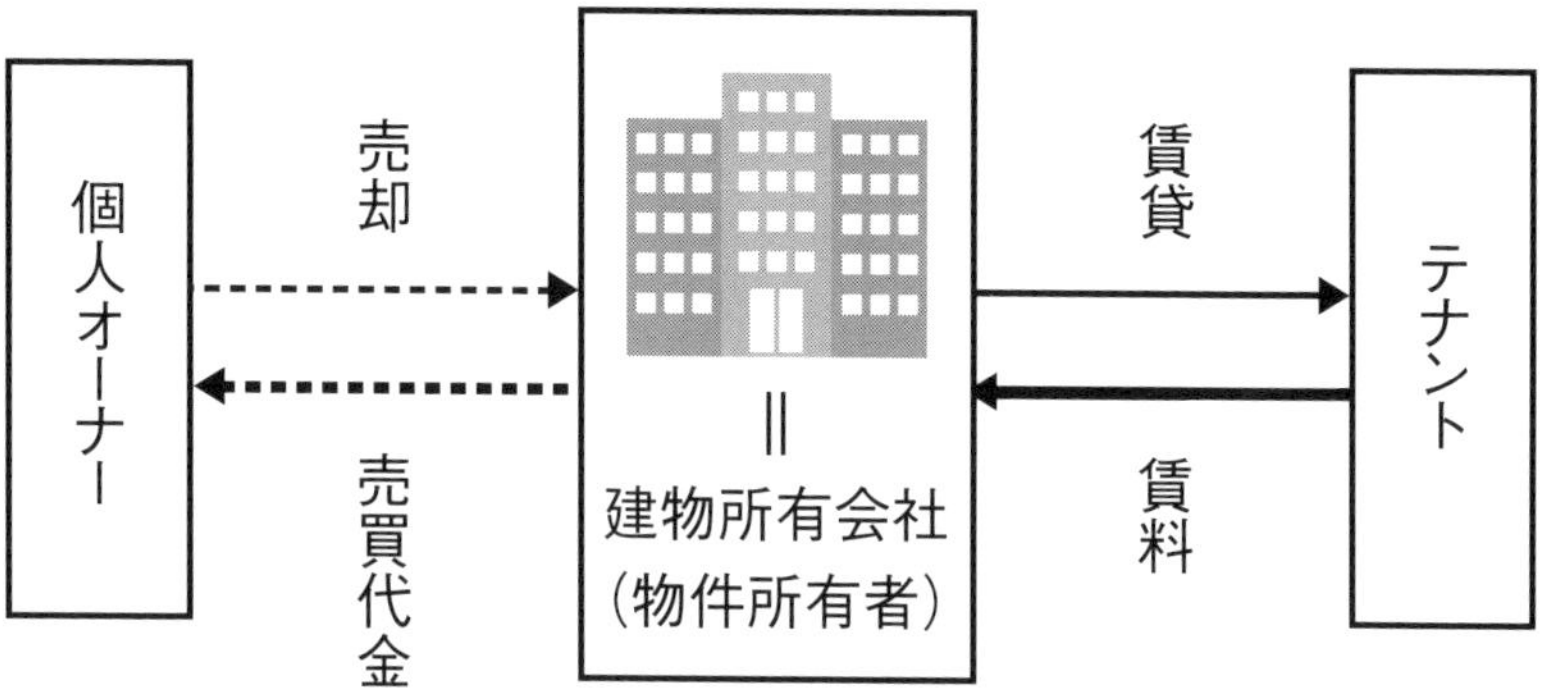

④賃貸物件の清掃・補修等の手配・立ち会い・点検

⑤土地オーナーへ地代支払い（地代の設定に注意）

建物所有会社では、重要な注意点があります。会社が個人の土地を借りる場合、有償無償にかかわらず、税務上、借地権課税の問題が生じます。

無償であると、借地権（更地価額の通常60％～70％）相当額が個人から会社へ移転したものとして、課税が行われることになります。

詳細は第6章で説明しますが、「土地の無償返還に関する届出書」を提出するなど、前に紹介した2つの方法よりも複雑な手続きが必要です。

◆建物所有会社の長所

建物所有会社の最大の長所は、建物を直接所有することにより家賃収入のすべてを会社に移転させることができるという点です。また、管理専門会社やサブリース会社は管理手数料や保証家賃の設定、管理実態などについて、税務当局との摩擦が想定されますが、建物所有会社の場合には建物そのものが会社の所有であるため、所得の帰属が明確で税務当局との摩擦が少なくなります。

また、前述の「土地の無償返還に関する届出書」の提出等で個人オーナーに相続が起こった場合の土地の評価額も8割に抑えるといった相続税の節税効果も得ることができます。

◆建物所有会社の短所

建物所有会社の短所は、建物の所有者を個人から会社に移す場合、会社には取得の資金と取得コストとがかかります。これは建物をオーナーから買い取る場合も、オーナーの土地に建物を建てる場合も同様です。会社は建物価格相当の資金と、移転の諸費用を用意しなければなりません（適正な建物価格、諸費用については第6章を参照のこと）。

また、個人が会社へ建物を売却すると、建物を売却し利益が出ていれば、譲渡所得税の対象となります（第6章で詳しく説明していますが、譲渡所得税の検証が必要）。

個人オーナーがほかに事業を行っている（正確には消費税の課税事業者の）場合には、建物の売却についての消費税が課税（※）されることになるため、消費税の負担があるかどうかの検証も必要です。

建物が個人から会社に移転した場合、建物を所有していないため、貸家建付地の評価減の適用がなくなり

土地の無償返還届出方法

会社が個人から無償で土地を借り受けた場合、「土地の無償返還に関する届出書」を税務署に提出することにより、借地権課税を免れることができます。

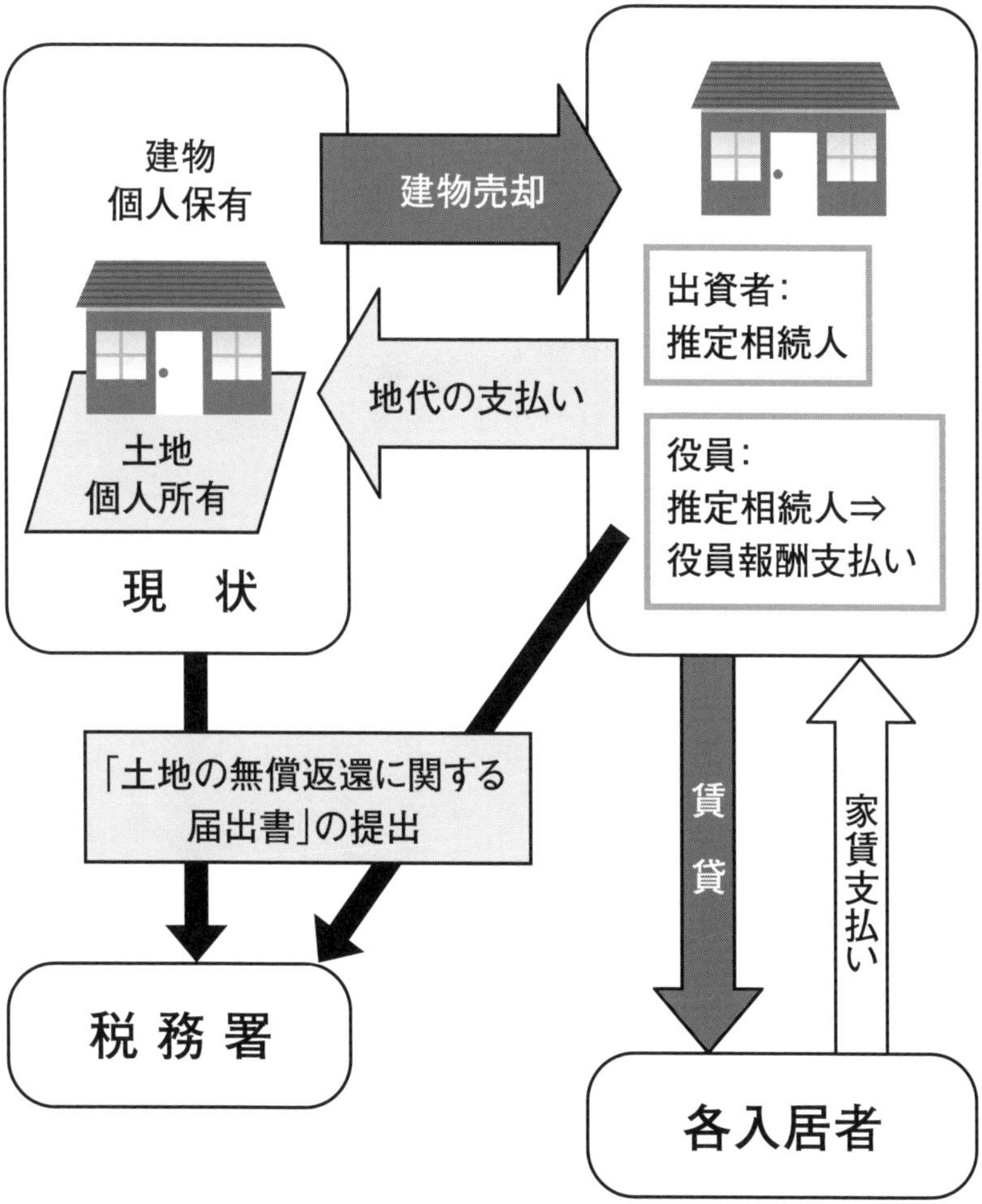

建物所有会社への所得移転

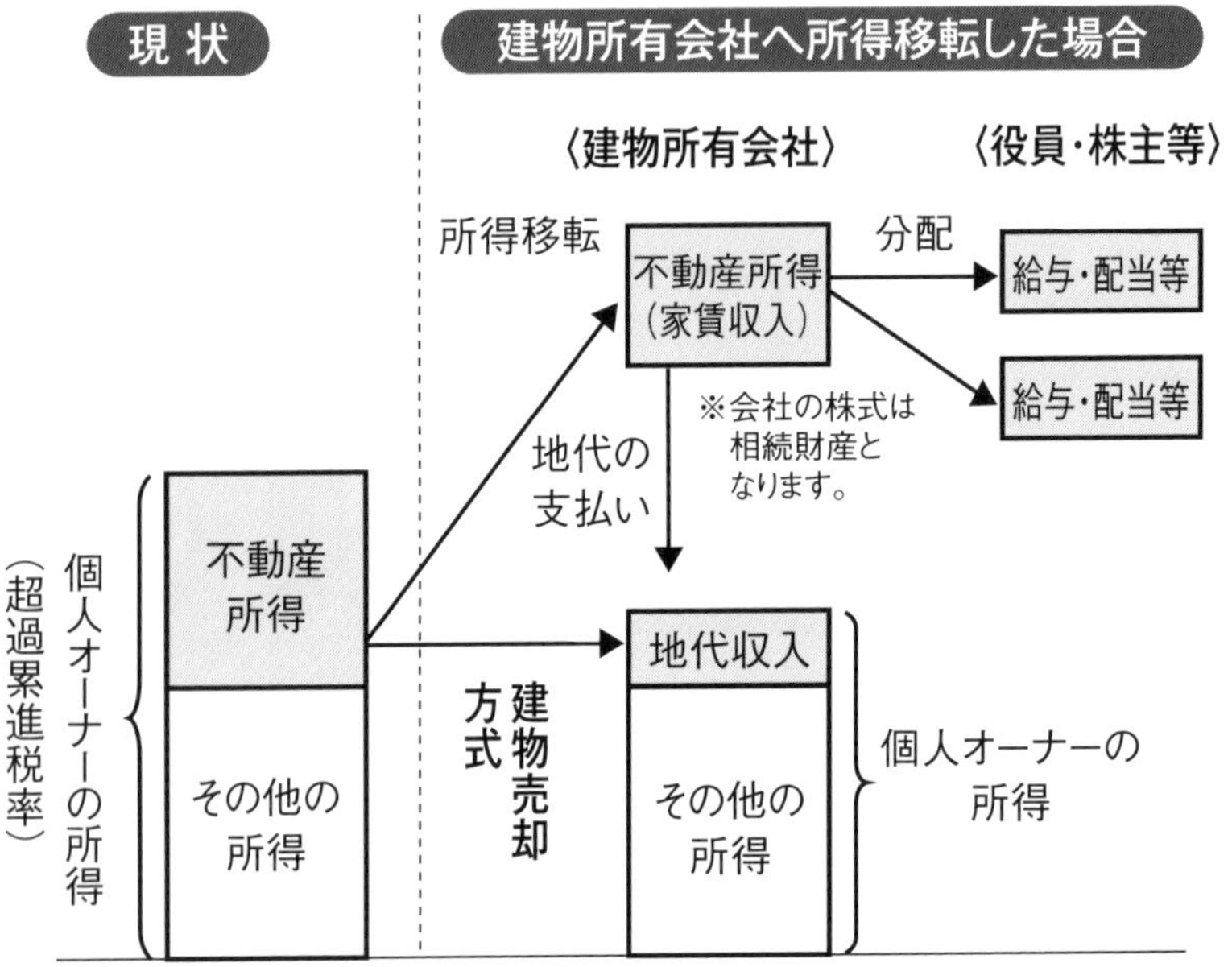

ます。

※売却時に消費税の納税義務者でなかった場合にも、建物の売却により売却した年の課税売上高が1000万円を超えると、2年後の課税期間において消費税の納税義務者となり、消費税の負担が生じる可能性もあります。

◆建物代金調達のため、金融機関との交渉が必要なことも

買い取るにしても建築するにしても、建物代金は用意しなければなりません。金融機関からの借入、自己資金、会社に貸し付け、いずれかの方法があります。そのため、管理専門会社やサブリース会社に比べ、建物所有会社はより多くの資金を必要とします。自己資金が不足する場合は、金融機関との交渉が必要です。

法人化形態その4　土地建物所有会社

「土地建物所有会社」とは、個人オーナーが所有している土地と建物について、その両方を会社が買い取る方法です（新規に土地・建物を買う場合も含みます）。**家賃収入を土地建物所有会社が直接収受するため、個人オーナーの大幅な所得税対策になります。**

◆土地建物所有会社の業務の内容

土地建物所有会社のスキームでは、土地と建物の所有者が個人から会社へ移ります。したがって、建物から生じる家賃などの収入も、賃貸借契約に関する手続きや補修などもすべて土地建物所有会社に帰属します。

土地建物所有会社の主な業務内容としては、次のものが考えられます。

①賃料の直接受領
②賃貸物件の清掃・補修等の手配・立ち会い・点検
③賃貸借契約の締結、更新、解約などの手続き

土地建物所有会社のイメージ

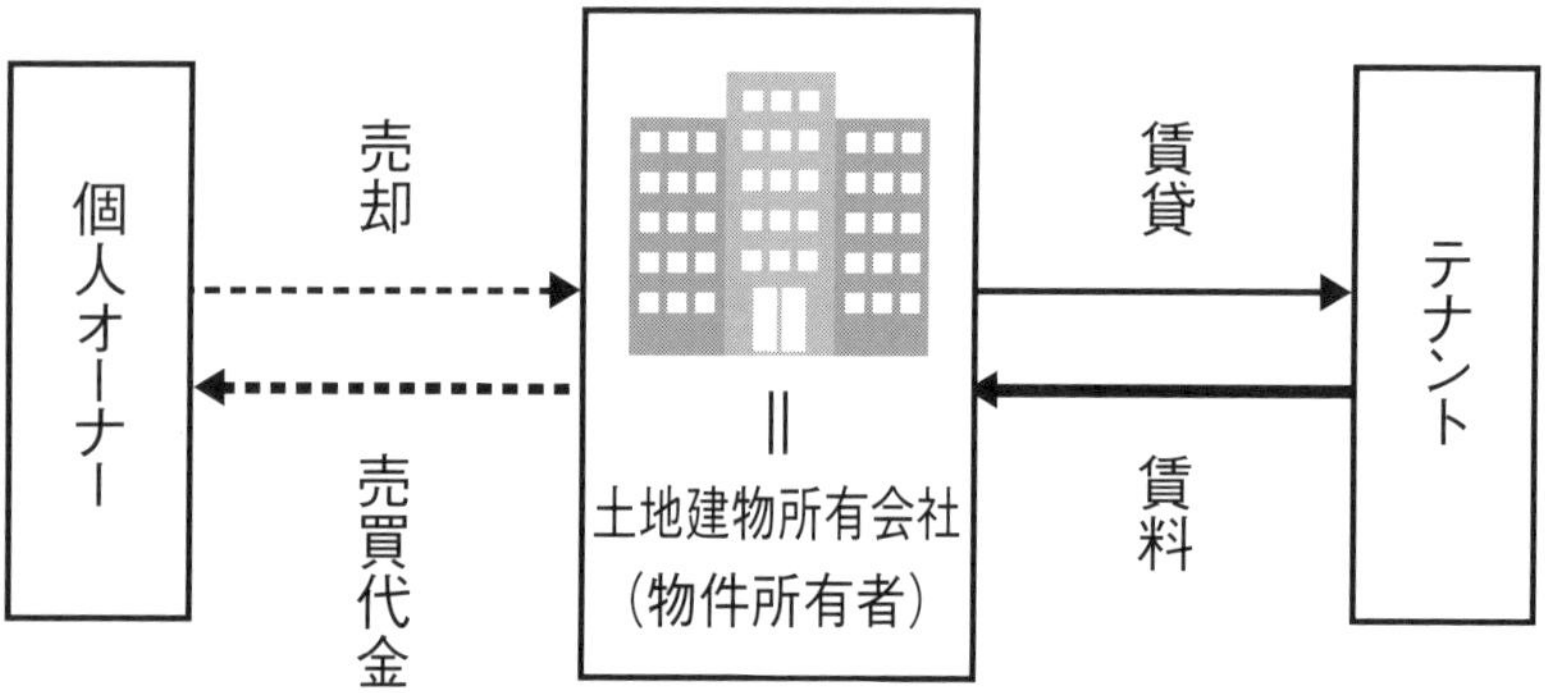

④賃貸物件の清掃・補修等の立ち会い・管理

この土地建物所有会社のスキームには、建物所有会社のスキームとは異なり、借地権に関する制約はありません。

◆土地建物所有会社の長所

土地建物所有会社の最大の長所は、不動産を直接所有することにより家賃収入のすべてを会社に移転させることができるということです。

また、管理専門会社やサブリース会社は管理手数料や保証家賃収入の金額の設定、管理実態などについて、税務当局との摩擦が予想されますが、土地建物所有会社の場合には建物そのものが会社の所有であるため、所得の帰属が明確で、税務当局との摩擦が少なくなります。

土地建物所有会社への所得移転のしくみ

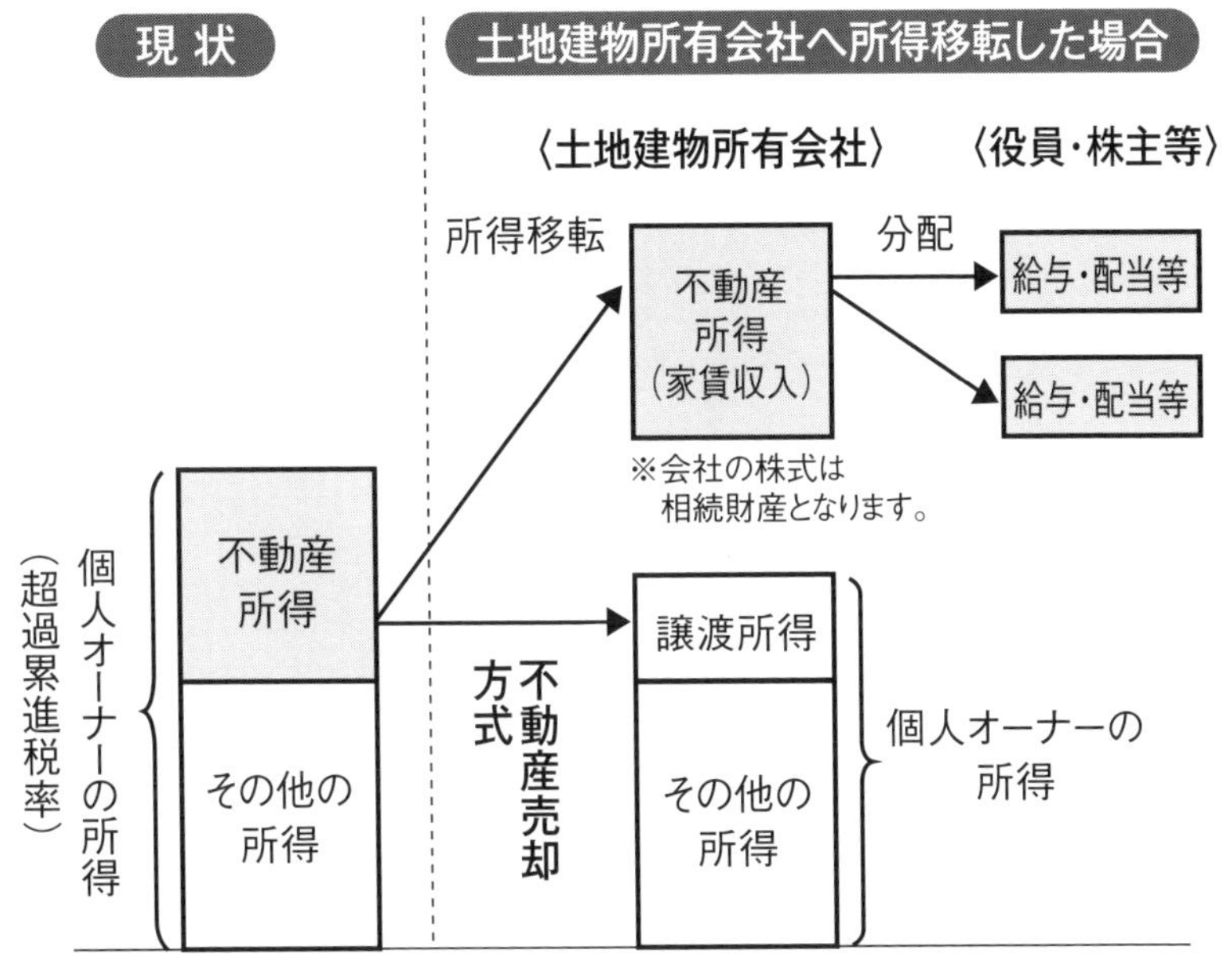

◆土地建物所有会社の短所

土地建物所有会社の短所は、土地建物の所有者を個人から会社に移す場合、会社には取得の資金と取得コストとがかかります。土地建物をオーナーから買い取る場合も、新規に土地を購入し建物を建てる場合も同様です。

会社は不動産購入費用相当の資金と、移転の諸費用を用意しなければなりません。適正な不動産価格、諸費用については第5章を参照してください。

また、個人が会社へ不動産を売却すると、利益が出ていれば、譲渡所得税の対象となります。したがって譲渡所得税の負担があるかどうかの検証も必要です。

個人オーナーがほかに事業を行っている（正確には消費税の課税事業者）場合には、建物の売却についての消費税が課税（※）されることになりますので消費税についても検証が必要です。

※売却時に消費税の納税義務者でなかった場合でも、建物の売却により売却した年の課税売上高が1000万円を超えると、2年後の課税期間において消費税の納税義務者となり消費税の負担が生じる可能性があります。

不動産が個人から会社に移転した場合、相続税の評価で不利になる場合があります。不動産が相続税評価額での評価から不動産売却代金という現金に変わるなどが原因です。

◆資金調達と借入返済の計画は綿密に

土地建物代金はオーナーから買い取るにしても新規に購入するにしても用意しなければなりません。金融機関から借入するか、自己資金を資本金とするか、会社に貸し付けるか、いずれかの方法がとられます。建物所有会社同様、土地建物所有会社はより多くの資金を必要とし、自己資金が不足する場合には金融機関との交渉が必要です。

また、土地建物購入により借入金が過大になった場合には、収入金額から経費を控除したうえで、税金も考慮した収支を算定し、**利益よりも借入金の返済をするシミュレーションが重要になります。**借入金返済までの収支計算をしっかりして、資金がショートしないような綿密な計画が必要です。

実態に応じて、混合することも可能

不動産経営の会社経営化は、個人の所有する不動産の数量、不動産の購入価格と現在の評価、自己資金、現在の収益、想定相続税、相続人の数、個人オーナーの年齢などを考慮した、総合的判断が必要です。**前述した4つから1つだけを選ぶ必要はなく、混合させ、最適な方法を選ぶことも可能です。**

さまざまなケースを紹介していきます。

◆所有する不動産が多い場合は？

不動産の所有数が多く、すでにほとんどが賃貸物件等である人の場合、不動産管理会社は複数の目的で作ることになります。その際のパターンとしては、段階を踏んで、「管理専門会社＋サブリース会社＋建物所有会社」とすることが想定されます。

まず、第1段階で所有不動産すべての管理を目的とし、第2段階でそのすべてのサブリース化をめざします。第3段階で建物の移転が可能な不動産を選別し不動産管理会社に建物の売却を検討します。この段階で金融機関の協力も必要です。

◆不動産の購入価格と現在の評価は？

この場合の評価額は時価を指します。個人と同族会社の売買でも、税務上の要請として売買価格は時価で行うとされています。一般的に建物の譲渡所得は生じませんが、土地は譲渡所得が生ずる場合が多いといえます。そのため、譲渡所得が生ずる土地は、会社に移転することを避けます。

◆自己資金は多い？　少ない？

手元の自己資金が多い場合は、積極的な方法が可能となります。自己資金を使い、土地建物所有会社による方式を選択するのもよいでしょう。さらに、新規に土地建物を購入することや、相続税の節税をねらって新規にマンションを購入する投資方法も可能です。

自己資金が少ないときは、現在までの収益や不動産の担保でどの程度の借入が可能か、金融機関との打ち合わせが必要です。

◆現在の収益はどのくらい？

すでに不動産賃貸業を営んでいる個人の場合、現在の収益の一部を不動産管理会社へ移転することになります。どの程度の収益を手元に残すかも考慮しなければなりません。このとき、自己の生活が成り立たない収益の移転は避けます。適正な収益移転で、不動産管理会社の規模は決まります。

◆相続税はどの程度と想定される？

オーナー自身の相続税予定額を算出します。不動産管理会社設立の目的のなかでも、相続税対策が最も重要といえます。想定相続税を、「現在」と「不動産管理会社のスキーム実施後」で比較してみましょう。相続税がどの程度減額するかで、不動産の移転計画を策定します。

◆相続人の数を加味して法人化を

相続は、事業承継などの特別な必要性がない場合、極力公平・平等としなければなりません。この公平性が欠けることで相続の争いが起こります。不動産の所有と不動産賃貸業は、従業員や仕入先、得意先などのある事業承継とは異なりますので、限りなく公平に分割できます。場合によっては、相続人の数だけ、不動産管理会社が必要かもしれません。

◆オーナーの最適な年齢は？

不動産管理会社を作る場合、オーナーに適正な年齢があります。あまり高齢では相続税対策の効果が望めません。

オーナーが若い人になると、相続税対策というより所得税対策が主目的となります。この場合、子どもではなく、配偶者が不動産管理会社の株主になります。「個人の所得を夫婦で分割する」という節税策です。

第4章

なるほど！
不動産管理会社のしくみ

●　●　●

【ケーススタディ】
最適な会社形態を選びましょう

ここで紹介するのは、実際にアパート・マンション経営を法人化した青木さん家族の事例です。第３章で紹介した不動産会社の形態のうちどれを選ぶかは、各人の状況やライフスタイルによるでしょう。特に気になるのは、相続税についてではないでしょうか。ここでは、さまざまな事例を見て、自分に合った管理会社の形態を探っていきましょう。

会社形態を変えると、納税額はどう変わる？

◆不動産管理会社の形態の違いで、納税額が変わります

第3章では、不動産管理会社には4つの形態があることを説明してきました。では、毎年の納税はどれだけ変わってくるのでしょうか。

青木宏志さんは66歳。江戸時代から続く都内の農家です。家族構成は、左ページ図のとおりです。最近では、農業は「趣味程度」となり、7棟あるアパート経営が主な収入源となっています。もちろん、自宅も持ち家です。

そんな宏志さんの悩みは毎年の所得税の納税と相続問題。先祖より受け継いできた土地を、次の世代に残せるか心配しています。

アパート・マンション経営を法人化した青木家の例

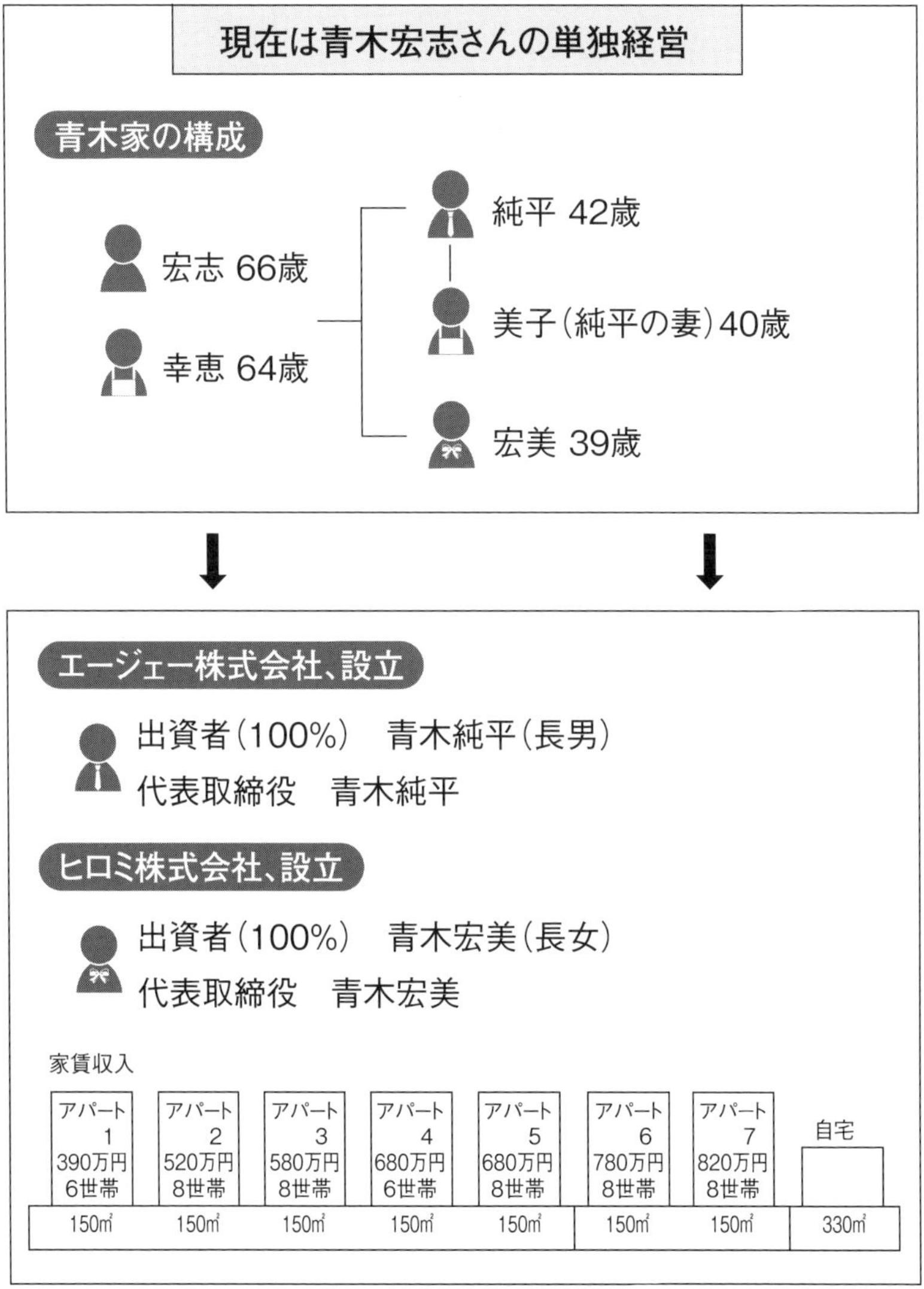
現在は青木宏志さんの単独経営
青木家の構成
宏志 66歳
幸恵 64歳
純平 42歳
美子（純平の妻）40歳
宏美 39歳
エージェー株式会社、設立
出資者（100%）　青木純平（長男）
代表取締役　青木純平
ヒロミ株式会社、設立
出資者（100%）　青木宏美（長女）
代表取締役　青木宏美
家賃収入
アパート 1 390万円 6世帯
アパート 2 520万円 8世帯
アパート 3 580万円 8世帯
アパート 4 680万円 6世帯
アパート 5 680万円 8世帯
アパート 6 780万円 8世帯
アパート 7 820万円 8世帯
自宅
150㎡
150㎡
150㎡
150㎡
150㎡
150㎡
150㎡
330㎡

◆PART1 「不動産管理専門会社」でアパート・マンション経営する

①「不動産管理専門会社」を選んだ場合

では、実際、宏志さんが不動産管理専門会社を設立し、アパート収入の一部を会社収入とする……というプランを考えてみます。その会社の収入から親族に給与を支払います。

②子どもたちの分配割合は？

子どもは長男の青木純平さん（42歳）、長女の青木宏美さん（39歳）です。先祖代々の土地を守ることを主に考え、家族会議では将来の分割は、長男純平さん10分の7、長女宏美さん10分の3ぐらいという方向で話し合っています。

③不動産管理専門会社を設立する

次ページの図のように、会社は2つ作ります。長男・純平さんの会社「エージェー株式会社」と、長女・宏美さんの会社「ヒロミ株式会社」です。双方とも本人が100％出資する会社で不動産管理が専門です。管理は「エージェー株式会社」が7棟のアパートのうち5棟を、「ヒロミ株式会社」が2棟を管理する計画です。

不動産管理専門会社を選択した場合

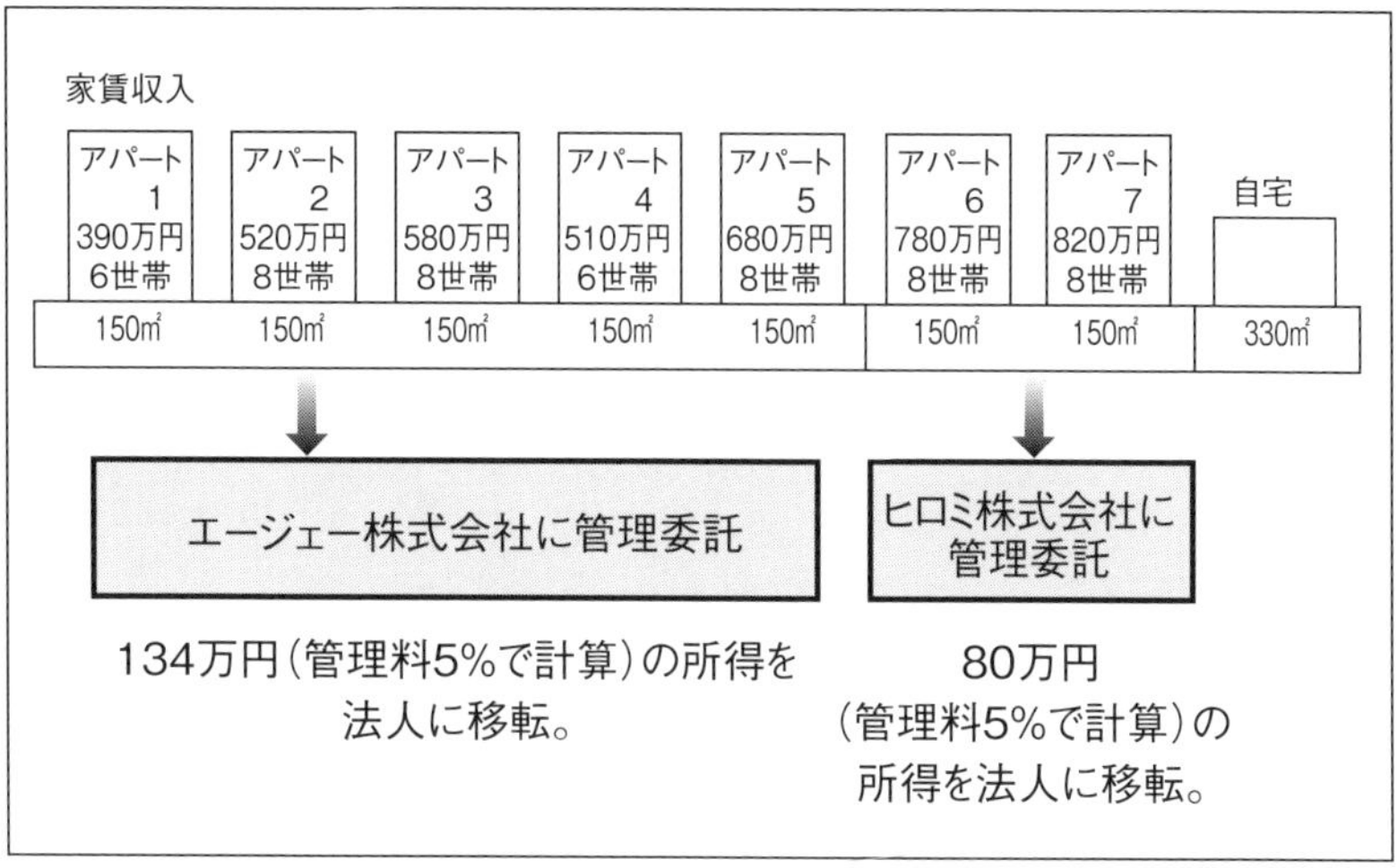

④管理手数料の適正額

ここで、最大の問題になるのは管理手数料。アパート所有者の宏志さんと「エージェー株式会社」「ヒロミ株式会社」は同族関係者。税法では恣意的に所得を軽減するような手数料設定はできません。

第三者に委託する手数料と較差がある場合、宏志さん側で経費と認められないことが起こります。一般には管理手数料は、家賃収入の５％前後が標準といわれています。

また、誰が会社の役員となって給与を受け取るかも重要です。オーナーである宏志さんが役員になって会社から多額の給与が支給されると、毎年の所得税を節税するという効果が薄れます。

また、長男の純平さんも勤務している商社からの給与収入があるため、さらに「エージェー株式会社」から給与をもらうと累進税率による高い税負担を強いられます。

したがって、他にまとまった収入のない宏志さんの妻である美子さんが「エージェー株式会社」の役員になって給与を受け取ります。一方、「ヒロミ株式会社」は、現在は専業主婦の宏美さんが役員となります。

以上をふまえて、不動産管理専門会社を選択した場合の納税のシミュレーションをした結果、個人および法人の納税額の合計で年間98万円程度の節税が図れることがわかりました。また、美子さんおよび宏美さんは各々の会社からの給与を受けることにより毎年１７７万円程度（税引き後）の収入があり、将来の相続税の納税資金の準備もできます。

なお、不動産管理専門会社から支給する給与の額の設定によって、法人および個人の納税額が変わりますので注意が必要です。

不動産管理専門会社の納税シミュレーション

（単位：万円）

		個人事業	不動産管理専門会社を設立した場合					
		青木宏志	青木宏志	エージェー(株)	ヒロミ(株)	青木美子	青木宏美	納税額の合計
収入	家賃収入	4,280	4,280					
	管理収入			134	80			
	給与収入(※1)					120	60	
	小計	4,280	4,280	134	80	120	60	
費用	賃貸経費(※2)	1,712	1,712	4	10			
	管理費		214					
	給与			120	60			
	青色申告特別控除	65	65					
	小計	1,777	1,991	124	70	0	0	
所得		2,503	2,289	10	10	65	5	
所得控除（※3）		150	150			43	43	
課税所得		2,353	2,139	10	10	22	△43	
納税額	所得税	675	588			0	0	
	法人税			2	2			
	住民税	231	209	7	7	2	0	
	事業税	113	103	0	0	0	0	
	小計	1,019	900	9	9	3	0	921
手残金額		1,549	1,454	1	1	117	60	1,633

（※1）給与の額に応じた給与所得控除額が控除されます。

（※2）家賃収入を得るために要した費用はその40％相当額と仮定しています。

（※3）所得控除額は、青木宏志さんは150万円、青木美子さんと青木宏美さんは43万円と仮定しています。

◆PART2　「サブリース会社」でアパート・マンション経営する

①「サブリース会社」を設立する

次に管理手数料より多くの所得移転が期待できるサブリース方式（オーナーのアパートを会社が借り受け、自己の責任でテナントに転貸する方式）の会社を検討することにしました。

サブリース会社は自己の責任でテナント賃料を設定するため、その危険負担分として、サブリース差益は管理手数料より多く設定することができます。

②サブリース契約をする

サブリース会社は、宏志さんよりアパートを一括で賃貸する契約をします。賃料は転貸想定価格の85～90％となります。サブリース会社は第三者に転貸します。この場合、特に新築時には、サブリースの賃貸契約後1～3カ月の猶予期間を設ける場合があります。

また、入居時の礼金および敷金は、サブリース会社が預かり、更新料もサブリース会社が受領するというような付帯事項がつく場合があります。「サブリース差益」に加え、空室リスクもサブリース会社が負うため、その点においても管理専門会社より多少有利な条件になっています。

③サブリース差益を給与に

このサブリース会社のサブリース差益が会社の利益となります。その会社の利益から、親族に給与を支払います。

サブリース会社を選択した場合

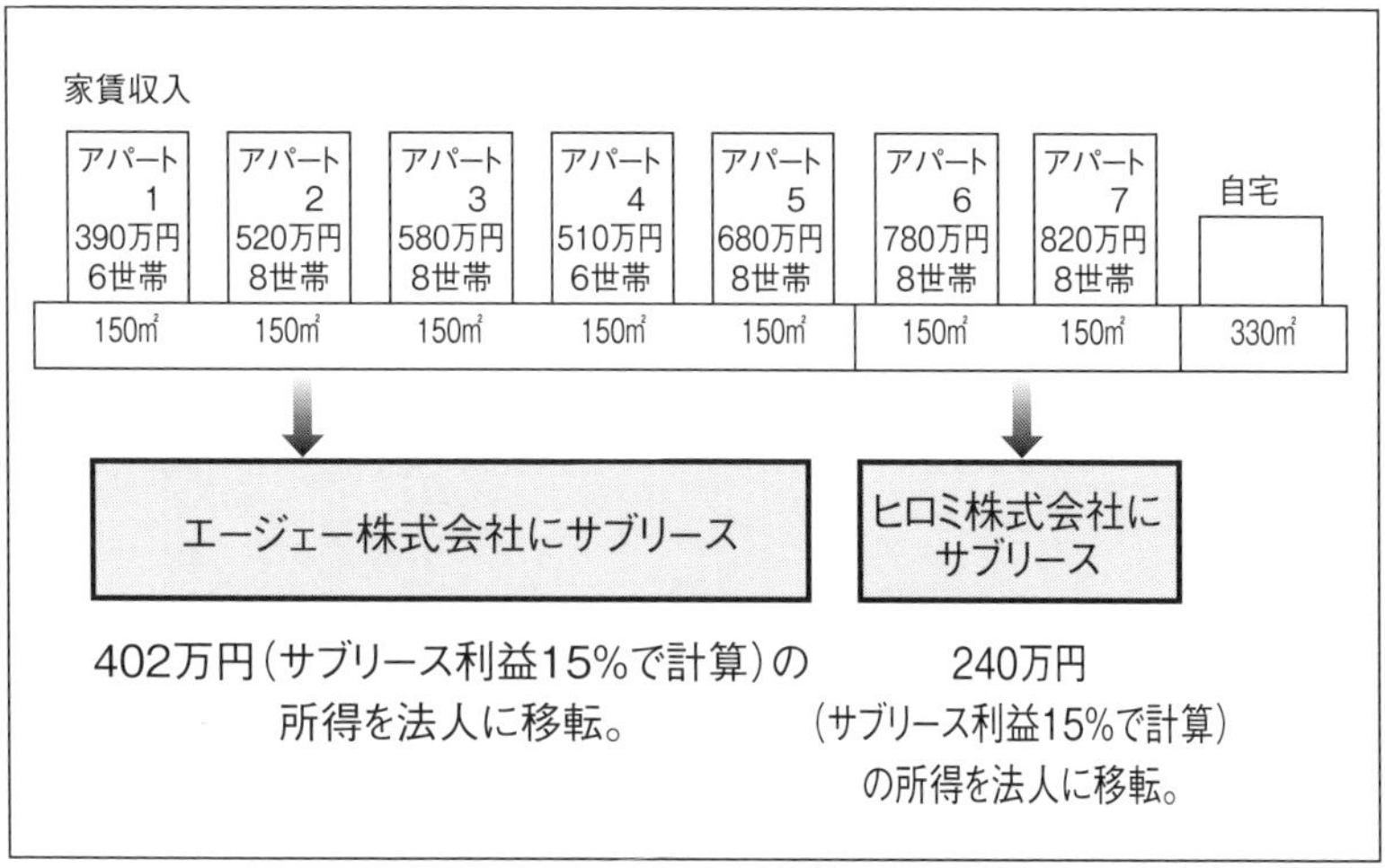

④サブリース会社を2つ作る

サブリース会社は2社とし、長男・純平さんを代表者とする「エージェー株式会社」、長女・宏美さんを代表とする「ヒロミ株式会社」です。

双方とも本人が100%出資する会社で、「エージェー株式会社」が7棟あるアパートのうち5棟を、「ヒロミ株式会社」が2棟をサブリースします。

このプランで納税額のシミュレーションをすると次のような結果となりました。

サブリース会社を選択した場合、青木宏志さんの個人事業と比較し、個人および法人の合計で年間302万円程度、不動産管理専門会社と比較し年間205万円程度の節税が図れることがわかりました。

また、美子さんおよび宏美さんは各々の会社からの給与を受けることにより年間449万円程度（税引き後）の収入を蓄えることができます。

なお、サブリース会社から支給する給与の額の設定によって、法人および個人の納税額が変わりますので注意が必要です。

サブリース会社の納税シミュレーション

（単位：万円）

		個人事業	サブリース会社を設立した場合					
		青木宏志	青木宏志	エージェー（株）	ヒロミ（株）	青木美子	青木宏美	納税額の合計
収入	家賃収入	4,280		2,680	1,600			
	サブリース収入（※1）		3,638					
	給与収入（※2）					300	180	
	小計	4,280	3,638	2,680	1,600	300	180	
費用	賃貸経費（※3）	1,712	1,712	92	50			
	地代	0	0	2,278	1,360			
	給与	0	0	300	180			
	青色申告特別控除	65	65					
	小計	1,777	1,777	2,670	1,590	0	0	
所得		2,503	1,861	10	10	202	118	
所得控除（※4）		150	150			43	43	
課税所得		2,353	1,711	10	10	159	75	
納税額	所得税	675	419			7	3	
	法人税			2	2			
	住民税	231	166	7	7	15	6	
	事業税	113	81	0	0	0	0	
	小計	1,019	666	9	9	23	10	717
手残金額		1,549	1,260	1	1	277	170	1,709

（※1）サブリース収入は、エージェンシー（株）およびヒロミ（株）が得る賃料収入の85％に設定しています。

（※2）給与の額に応じた給与所得控除額が控除されます。

（※3）家賃収入を得るために要した費用はその40％相当額と仮定しています。

（※4）所得控除額は、青木宏志さんは150万円、青木美子さんと青木宏美さんは43万円と仮定しています。

◆PART3 「建物所有会社」でアパート・マンション経営する

サブリース会社のサブリース差益だけでは、所得分散効果が十分でないため、次にアパートの建物を会社が直接所有する方法（建物所有会社）を検討しました。

①「建物所有会社」を設立する

建物所有会社は、長男・純平さんを代表者とする「エージェー株式会社」、長女・宏美さんを代表とする「ヒロミ株式会社」の2社です。2社とも本人が100%出資する会社で、アパートの賃貸をする会社です。宏志さんが所有するアパートのうち5棟を「エージェー株式会社」に、2棟を「ヒロミ株式会社」に移転します。

②建物所有会社の問題点は？

建物所有会社のスキームで、問題点は次のように、3点あります。

◇1点目は、建物の購入価格です。建物を売却する宏志さんと「エージェー株式会社」、「ヒロミ株式会社」は同族関係者となります。売買価格が時価と相違すると税務上の弊害があります。建物価格の評価を厳密に決めねばなりません（137ページ参照）。

◇2点目は、土地の所有者（青木宏志）と建物所有会社（「エージェー株式会社」と「ヒロミ株式会社」）が相違する場合、「認定借地権」の問題が生じることです。建物所有会社に土地の借地権が移転すると考え

建物所有会社を選択した場合

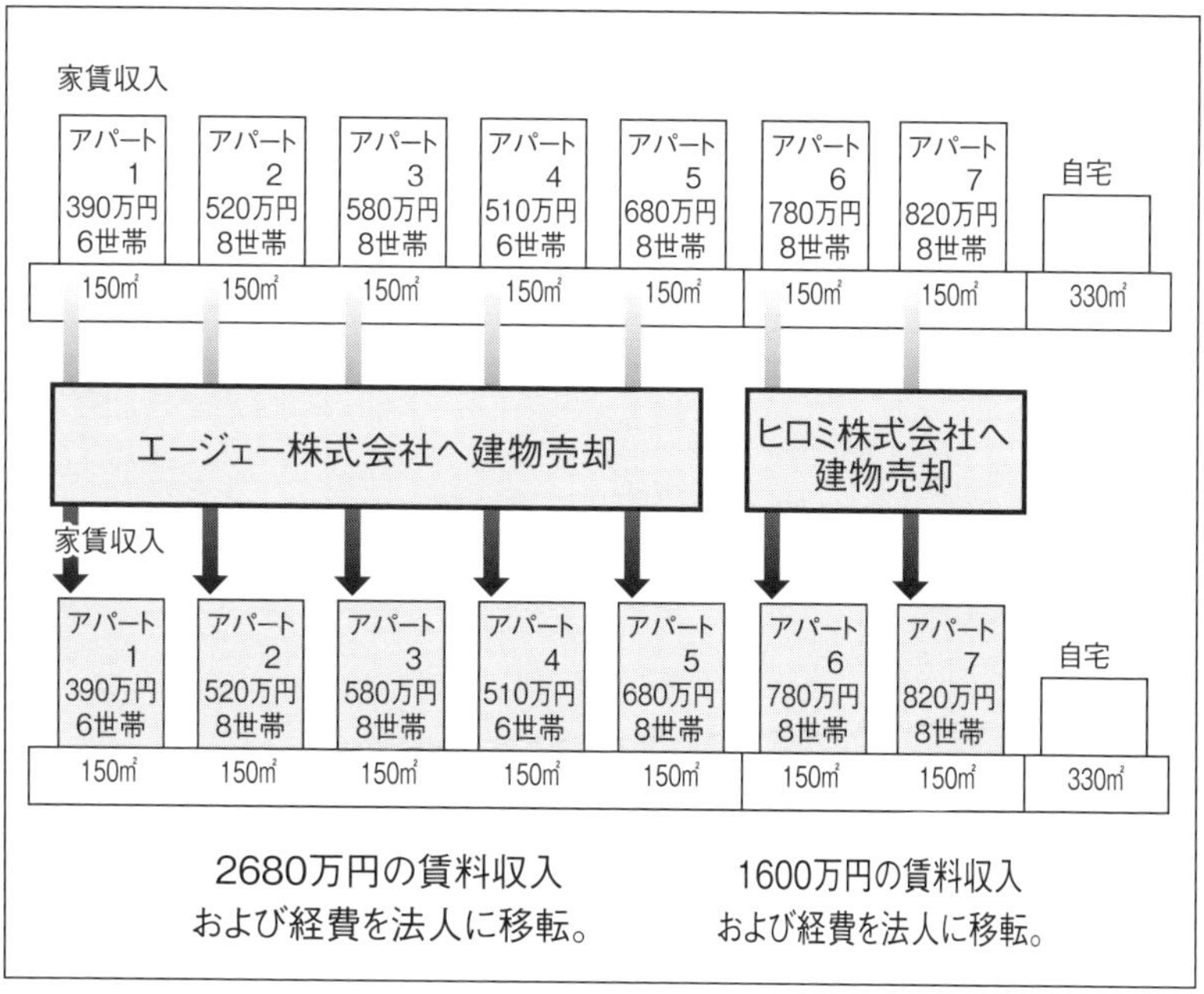

られ、「借地権相当の金額を会社が受贈した」という扱いです。これを避けるためには、「土地の無償返還に関する届出書」という書類を提出する必要があります（72～73ページ参照）。

◇3点目は、「地代の設定」です。「土地の無償返還に関する届出書」を提出すると、借地権の認定課税が避けられます。地代については「無償」、「固定資産税相当額」、「**通常の地代**」（世間相場の地代をいい、固定資産税の2～3倍）、「相当の地代」（相続税評価額基準として6％の率を乗じた金額）から選びます。通常は「**通常の地代**」を選びます。

これらを考慮して納税額のシミュレーションをすると次のような結果となりました。

建物所有会社を選択した場合、青木宏志さんの個人事業と比較し、個人および法人の合計で553万円程度、サブリース会社と比較し251万円程度の節税が図れることがわかりました。

また、美子さんおよび宏美さんは各々の会社からの給与を受け取ることにより年間で447万円程度（税引き後）の収入を蓄えることができます。

なお、建物所有会社から支給する給与の額の設定によって、法人および個人の納税額が変わりますので注意が必要です。

建物所有会社の納税シミュレーション

（単位：万円）

		個人事業	建物所有会社を設立した場合					
		青木宏志	青木宏志	エージェー(株)	ヒロミ(株)	青木美子	青木宏美	納税額の合計
収入	家賃収入	4,280		2,680	1,600			
	地代収入(※1)		367					
	給与収入(※2)					300	180	
	小計	4,280	367	2,680	1,600	300	180	
費用	賃貸経費(※3)	1,712	122	1,072	640			
	支払地代(※1)			262	105			
	給与			300	180			
	青色申告特別控除	65	10					
	小計	1,777	132	1,634	925	0	0	
所得		2,503	235	1,046	675	202	118	
所得控除（※4）		150	150			43	43	
課税所得		2,353	85	1,046	675	159	75	
納税額	所得税	675	4			8	4	
	法人税			177	101			
	住民税	231	7	19	14	15	6	
	事業税	113	0	72	39	0		
	小計	1,019	11	268	154	23	10	466
手残金額		1,549	234	778	521	277	170	1,980

（＊1）地代収入はアパートの敷地の固定資産税の年税額の３倍で設定しています。

（＊2）給与の額に応じた給与所得控除額が控除されます。

（＊3）家賃収入を得るために要した費用はその40％相当額と仮定しています。

（＊4）所得控除額は、青木宏志さんは150万円、青木美子さんと青木宏美さんは43万円と仮定しています。

◆PART4　「土地建物所有会社」でアパート・マンション経営する

土地価格が上昇すると、連動して相続税評価額も上昇します。「相続税対策」といわれるものは、財産の評価を下げることと財産を減らす（早期に財産を相続人に移転する）ことです。土地価格上昇局面では、早期に財産移転することが望ましいといえます。ここでは、土地・建物ともに会社に移転する「土地建物所有会社」の方法をみていきます。

①「土地建物所有会社」を設立する

土地建物を会社に贈与すると、財産をもらう「受贈者」である法人には、土地の受贈益に法人税がかかります。

また、「贈与者」である個人も、土地を時価で渡したとして、「みなし譲渡所得税」がかかります。

この場合、贈与した財産の価格は路線価ではなく時価となります。

個人の場合、手元に現金がなくても譲渡所得税を支払わなければなりません（取得費が譲渡収入〈時価〉を下回った場合）。法人も土地・建物の受贈益に課税となるため、土地・建物はあるが現金がない状態で法人税を支払わなければなりません。

②土地建物の現物出資

そこで、土地建物の現物出資を考えてみます。

ところが、法人に現物出資した場合も出資した土地・建物の譲渡になり、所得税の課税対象とされます。

土地建物所有会社を選択した場合

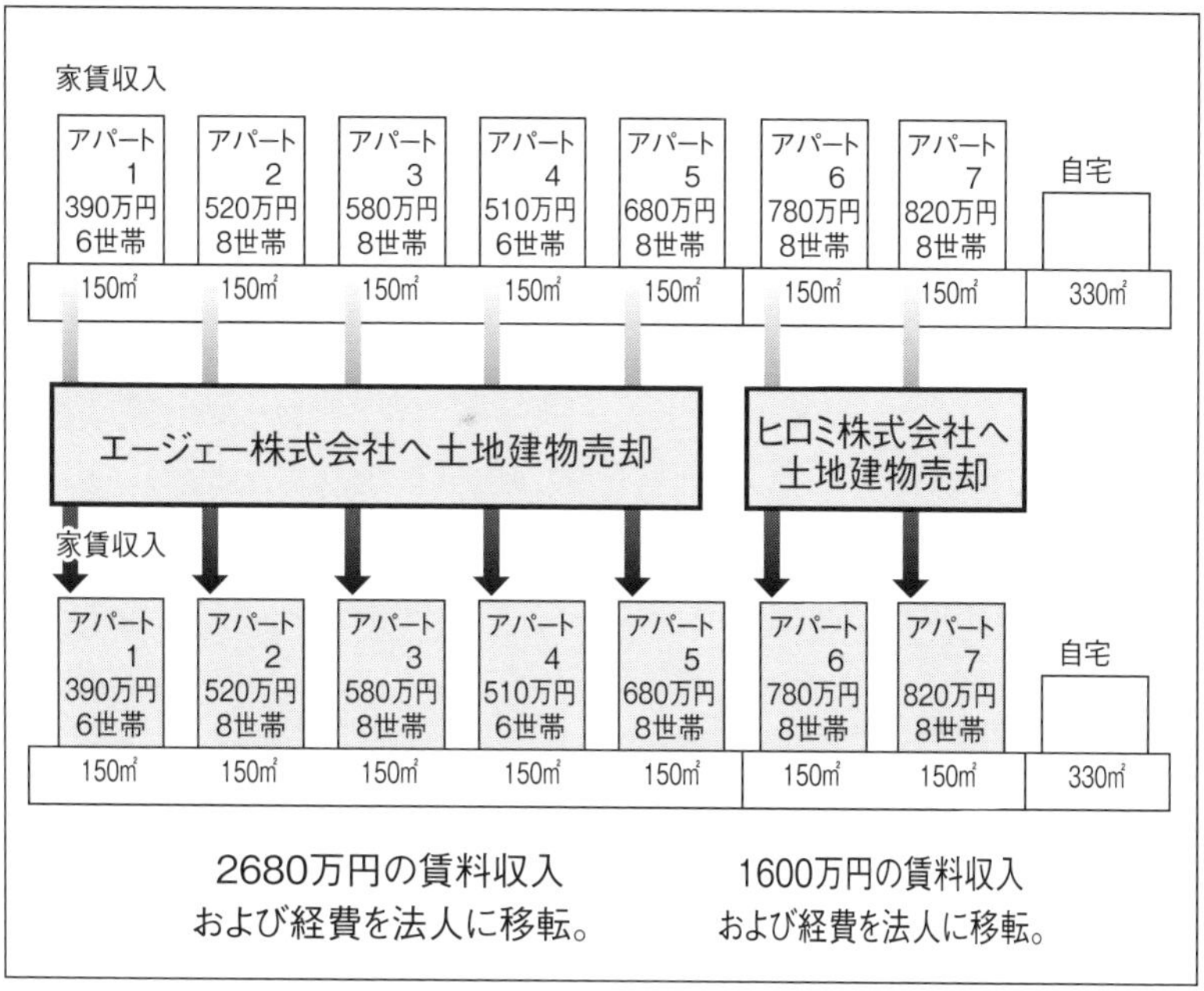

個人は手元に現金がないのに譲渡所得税を支払うことになります。

③会社が土地建物を購入すると……

会社が、個人の土地・建物を購入する方法も見てみましょう。

この場合、会社は購入資金を金融機関からの借入金で用意します。また、土地・建物を売却した個人には譲渡所得税が課税されます。ただし、土地・建物の売却代金が手元に入ってくるので、納税は可能です。

土地・建物を購入した会社は家賃収入から借入金を返済します。収入に占めるローン返済額の割合が多いため、手取金額は少なくなります。

一方、売却した個人は譲渡所得税分だけ財産が目減りすることになります。

これらを考慮して納税額のシミュレーションをすると次のような結果となりました。

土地建物所有会社を選択した場合、青木宏志さんの個人事業と比較し、個人および法人の合計で571万円程度、建物所有会社と比較し18万円程度の節税が図れることがわかりました。

また、美子さんおよび宏美さんは各々の会社からの給与を受け取ることにより年間で449万円程度（税引き後）の収入を蓄えることができます。

なお、土地建物所有会社から支給する給与の額の設定によって、法人および個人の納税額が変わりますので注意が必要です。

土地建物所有会社の納税シミュレーション

（単位：万円）

		個人事業	土地建物所有会社を設立した場合					
		青木宏志	青木宏志（※4）	エージェー（株）	ヒロミ（株）	青木美子	青木宏美	納税額の合計
収入	家賃収入	4,280		2,680	1,600			
	給与収入（※1）		480			300	180	
	小計	4,280	480	2,680	1,600	300	180	
費用	賃貸経費（※2）	1,712		1,072	640			
	給与			620	340			
	青色申告特別控除	65						
	小計	1,777	0	1,692	980	0	0	
所得		2,503	340	988	620	202	118	
所得控除（※3）		150	150			43	43	
課税所得		2,353	190	988	620	159	75	
納税額	所得税	675	9			8	4	
	法人税			163	93			
	住民税	231	18	18	13	15	6	
	事業税	113	0	66	35	0		
	小計	1,019	27	247	141	23	10	448
手残金額		1,549	453	741	479	277	170	2,120

（※1）給与の額に応じた給与所得控除額が控除されます。
青木宏志さんは、エージェー（株）から320万円、ヒロミ（株）から160万円の役員報酬を受給していると仮定しています。

（※2）家賃収入を得るために要した費用はその40％相当額と仮定しています。

（※3）控除所得額は、青木宏志さんは150万円、青木美子さんと青木宏美さんは43万円と仮定しています。

（※4）会社へ譲渡する土地の購入時の価額が不明な場合、多額の譲渡所得税が発生する可能性があります。

建物所有会社と一部、相続時精算課税を選択した場合

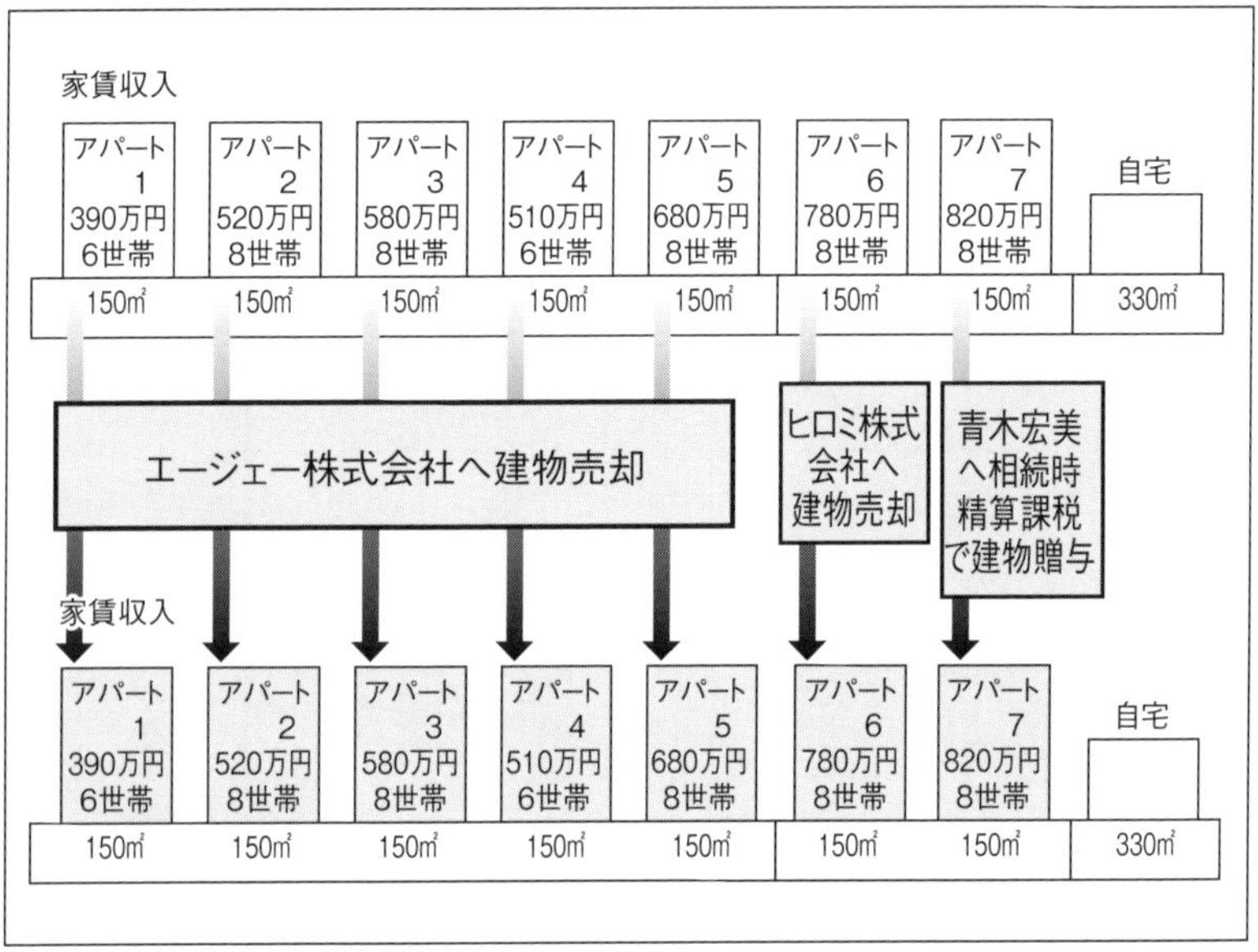

◆PART5　一部を贈与で個人に移転する

青木宏志さんの相続税対策が目的で、不動産を移転する場合、すべてを法人へ移転することにこだわることはありません。個人の贈与税の特例で「相続時精算課税の特例」という制度があります（第12章参照）。この制度はストレートに相続財産を減らすという効果はありません。

しかし、アパートなどの収益物件を贈与することで、青木宏志さんの財産の増加を抑制するという効果はあります。不動産管理会社の活用と贈与税の特例を組み合わせるような工夫も相続税対策としては効果的です。

①建物所有会社を設立する

建物所有会社の設立、運営や問題点はPART3「建物所有会社でアパート・マンションを経営する」で述べたとおりです。そのスキームに個人間贈与を組み入れることになります。詳細は、「第12章相続時精算課税の特例を使って節税できます」を参照してください。

②建物の一部を贈与する

建物を一部青木宏美さんに贈与した場合のシミュレーションは次ページのようになります。贈与された建物の家賃はストレートに青木宏美さんに入るため、宏志さんの相続財産の増加を抑える効果があり、さらに青木宏美さんにとっては納税資金の蓄積もできることになります。

一部、相続時精算課税で贈与した場合の納税シミュレーション

（単位：万円）

		個人事業	建物所有会社＋相続時精算課税贈与の場合					
		青木宏志	青木宏志	エージェー(株)	ヒロミ(株)	青木美子	青木宏美	納税額の合計
収入	家賃収入	4,280		2,680	780		820	
	地代収入(※1)		367					
	給与収入(※2)					300	120	
	小計	4,280	367	2,680	780	300	940	
費用	賃貸経費(※3)	1,712	122	1,072	312		328	
	支払地代(※1)	0		262	51			
	給与	0		300	120			
	青色申告特別控除	65	10	／	／	／	10	
	小計	1,777	132	1,634	483	0	338	
所得		2,503	235	1,046	297	202	547	
所得控除（※4）		150	150	／	／	43	43	
課税所得		2,353	85	1,046	297	159	503	
納税額	所得税	675	4	／	／	8	58	
	法人税	／	／	177	44	／	／	
	住民税	231	7	19	10	15	43	
	事業税	113	0	72	14	0	0	
	小計	1,019	11	268	68	23	101	471
手残金額		1,549	234	778	229	277	511	2,029

（＊1）地代収入はアパートの敷地の固定資産税の年税額の３倍で設定しています。

（＊2）給与の額に応じた給与所得控除額が控除されます。

（＊3）家賃収入を得るために要した費用はその40％相当額と仮定しています。

（＊4）所得控除額は、青木宏志さんは150万円、青木美子さんと青木宏美さんは43万円と仮定しています。

各パターンの比較

	所得税対策	相続税対策	実行可能性
不動産管理専門会社	△	△	◎
サブリース会社	△	△	◎
建物所有会社	◎	○	○
土地建物所有会社	◎	○	△
一部、相続時精算課税で贈与	○	△	◎

△→○→◎の順で、節税効果、実行可能性が高くなっていきます。

◆5つの法人化の特徴まとめ

各法人化のパターンの節税効果や法人化のしやすさ（実行可能性）を整理すると、上の一覧のようになります。

それぞれの家庭の事情や家族の希望など十分考慮して、最適なスキームを選ぶようにしましょう。

第 5 章

なるほど！
不動産管理会社のしくみ

【小資本で不動産投資】
ワンルームマンション投資

この章ではマンション投資、とりわけ小資本で不動産投資が可能なワンルームマンション投資のしくみを見ていきます。「不動産投資入門編」を会社経営でやる方法をみていきましょう。

マンション投資（土地建物所有会社）の投資形態は？

◆資金負担は大きい

最小単位はマンション一住戸、最大単位はマンション一棟、貸しビル一棟などとなりますが、土地・建物ともに会社名義で購入するという投資形態となります。建物のみの借入と異なり、土地・建物の購入代金を必要とするため資金負担は大きくなります。

そのため、会社を設立して、その後、大きな投資というのはきわめて現実的でないことになります。金融機関からの融資は特別な場合を除き、期待できません。

◆利回りはどうか？

建築費５０００万円の建物を建てることにより、年間賃料が５００万円だとすると、投資利回りは10％となります。これを土地取得から建築するとなると、土地の購入金額が加算されます。

仮に土地の金額が５０００万円だとすると、土地購入費５０００万円＋建物建築費５０００万円＝１億円。１億円に対して年間賃料が５００万円で投資利回りが５％となります。

それぞれの場合の投資利回り

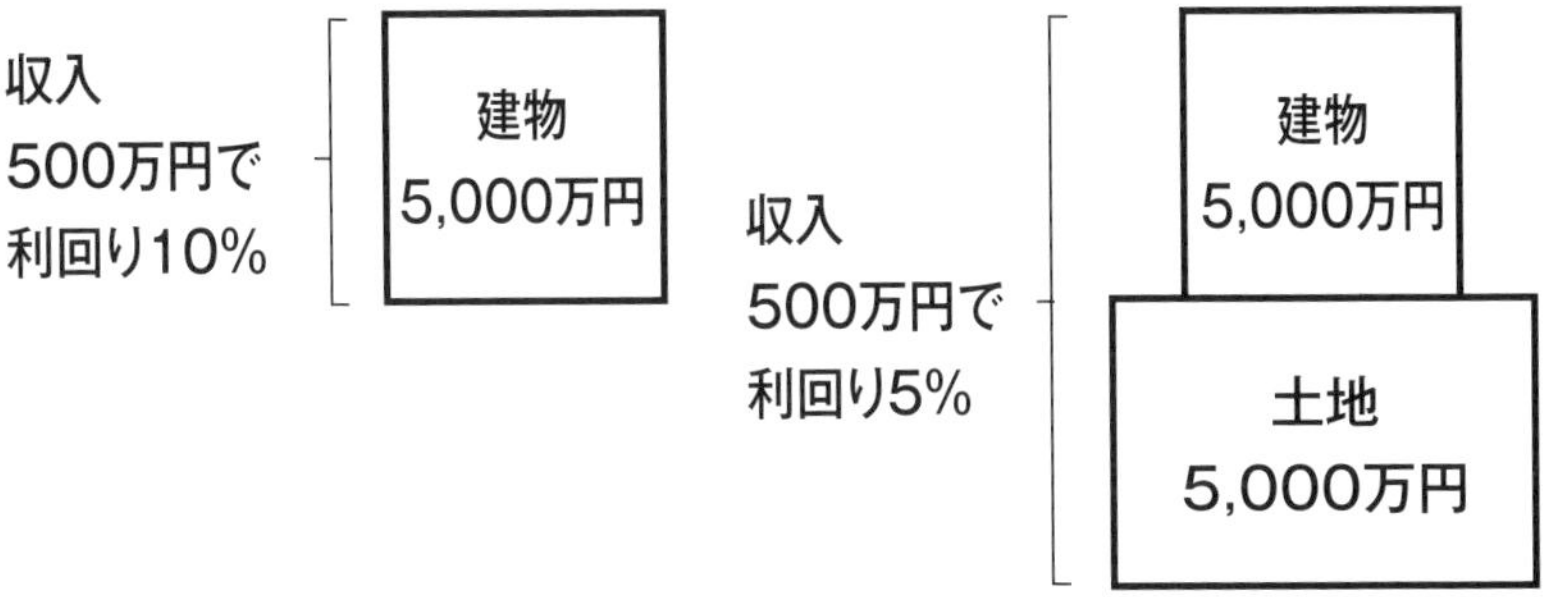

これは土地と建物を切り離して購入することができないマンション一住戸でも同様です。

◆表面利回りと実質利回り

表面利回りは、次ページ図のモデルケースでは、100万円÷2000万円＝5％となります。

しかし、不動産の取得時には、税金等の初期コストが通常、物件価格の5％程度かかり、中古物件では、さらに仲介手数料3％が上乗せされます。

モデルケースで初期コストを100万円（2000万円×5％）として、これを物件価格に加えた表面利回りは、100万円÷2100万円＝約4・8％となります。

また実質利回りとは、年間の家賃収入からマンション管理に必要な支出を差し引いた純収入を、投資額で割ったものです。

表面利回りと実質利回り

【表面利回り　実質利回り】

①ワンルームマンション価格	2,000万円
②年間家賃収入	100万円
③年間支出	25万円
④税金等初期コスト	100万円
⑤10年後の売却価格	1,800万円

【表面利回り】=②÷①=100万円÷2,000万円=5%

【実質利回り】=(②−③)÷(①+④)

=(100万円−25万円)÷(2,000万円+100万円)

=75万円÷2,100万円≒3.6%

モデルケースでは、(100万円−25万円)÷2100万円=約3・6%となります。最初の単純な表面利回り5%と比べると、7割程度の利回りとなります。

◆どのくらいの利回りが期待できる?

投資が成功かどうかは、投資期間終了時に、投資した金額を現金で回収した段階で判断します。これを「期待利回り」といいます。

これは、投資期間中の家賃収入からのインカム・ゲインから投資期間終了時の不動産価格の変動によるキャピタル・ロス(ゲイン)を控除した「トータル・リターン」を投資金額で割った金額です。モデルケースでは、

(i)10年のインカム・ゲイン　(100万円−25万円)×10年=750万円

(ii)キャピタル・ロス　2100万円－1800万円＝300万円

(iii)（(i)－(ii)）÷2100万円÷10年＝2・1％

となります。

投資の最終結果は年利2・1％の投資だったという結論になります。不動産投資は期待利回りで判断することが大切です。

ワンルームマンション投資のポイント

◆ワンルームマンションの特色

マンションも単身者向けのワンルームマンションとファミリー向けマンションがあります。一般的にワンルームマンション業者が話す投資メリットを検証してみます。

◆ワンルームマンション購入のポイント

投資用のマンション購入は、住宅の購入と違い少し研究しなければなりません。また新設の会社が購入するのはさらにむずかしいと言えます。

①中古か新築か

中古をおすすめします。新築は設備も新しく、賃料も高く貸すことができます。しかし価格が高く（2000万円~3500万円）、前述した「利回り」が低くなります。また新築物件は、ワンルームの場合の売却価格が極端に安くなりますので、前述した「期待利回り」も悪くなります。それに比べて中古は設備

ワンルームマンションの「特色」は本当か？

よく言われるワンルームマンションの特色	実態	検証
サラリーマンが節税できる	×	よく不動産所得のマイナスと給与所得の合算で所得税が戻ることを節税と称しているようですが、もともと節税ではなく、不動産所得もマイナスにならない例が多い（あっても1〜2年）。まったく根拠なし
少ない自己資本で資産形成ができる	△〜○	安いものは200〜300万円、高いものでも2000〜3000万円と少ない投資ではじめられ、ローン完済まで持ち続ければ資産形成といえるかも
老後の年金の不足を補完できる	△〜○	これもローン完済まで持ち続ければ年金プラス家賃の生活ができる
生命保険の代わりになる	△〜○	個人で購入する際、生命保険をかければその効果あり。会社所有は別途生命保険加入の必要
インフレに強い	△〜○	物価上昇と連動することが前提で、売却時の価格（キャピタルロス）を冷静に見る必要あり
不動産で相続税対策	○	現金より不動産のほうが相続税評価額が低いのは確か
預金に比較すると高利回り	△〜○	キャピタルロスまで考慮した期待利回りを検証する必要あり
入居需要が高い	○	都内23区はワンルームの建築規制で新規の供給が少ない。品薄かも
テナント交替時のリフォーム費用が安い	○	ファミリータイプはリフォーム費用が高額になる
売却すれば資金が回収できる	×→△	購入価格と売却価格の乖離が激しい。キャピタルロスまで考えて購入しなければならない。ただし、近年ワンルームマンションが品薄になってきているため、購入時と売却時の差が縮小している
ワンルームマンションは管理が容易	×→△	一般的に管理は悪い。購入時にマンションの管理状況を見ることと、賃貸管理をワンルーム専門の丁寧な業者に依頼する

も古く高い家賃は期待できませんが、価格が安い（500万円〜1500万円）ため「利回り」は良くなります。さらに将来売却するときの価格も新築ほどの価格差がなく「期待利回り」も良くなります。

②仲介で買うか不動産業者さんから買うか

不動産業者から買うことをおすすめします。実は投資用不動産、とりわけワンルームマンションは金融機関の融資が最もつきにくいのです。これは、金融機関がローンの延滞を嫌うためです。不動産業者経由でなければ融資がつかない例が多くなります。金融機関が不動産業者に期待するのは、家賃管理を通じローンの返済を見られる立場にあり、もしもの時は不動産を売却してローンの返済をする能力があるためです。金融機関取引経験がない初心者は、不動産業者斡旋のローンにしましょう。

③自己資金はどれぐらい用意しなければならないか

不動産を購入する場合、次の費用がかかります。

1. 売買金額
2. 仲介手数料（新築では不要）
3. 登記費用（登録免許税他）
4. 不動産取得税
5. 契約書印紙（売買）

6．固定資産税精算金

7．ローン費用（事務手数料、印紙他）

一般的に、購入の諸費用は売買代金の6～7％がかかると言われています。また、購入にあたって物件価格の10～20％の頭金は必要です。金融機関によって条件が異なりますが、最初の融資ですと少なくとも20％は必要と言われることが多いと思われます。

したがって、「売買代金の20％の頭金」＋「諸費用」の自己資金が必要です。

④会社でも融資は出るか

前述した頭金20％は会社での借入を前提にしています。個人ですと10％、年収が高い人だと0％ということもあるのですが、新設会社ですと今まで実績のない借入となりますので20％の頭金は用意してください。

⑤住宅ローンが残っているが融資は出るか

会社が借りるため、個人のローンは関係ありませんが、会社のローンの保証人として個人の財産債務の状態は審査されます。住宅ローンが影響しないとはいえませんが、基本的に住宅ローンと投資用のローンはまったく別に考えます。むしろ自宅を持っている人のほうが信用力は上になりますし、融資も出ます。

⑥融資条件はどうなるか

融資条件は、金融機関（銀行・ノンバンク・日本政策金融公庫など）によってそれぞれ異なりますし、物件の質や社長個人、保証人の格付けによっても異なります。場合によっては金利が高くなったり、返済期間短縮を要求されたりすることもあります。不動産業者からワンルームマンションを購入することは、融資条件に関しても有利に交渉できる要素が強いことになります。

⑦すぐ売却はできるか

投資物件、とりわけワンルームマンションは、住宅用不動産とは異なり、市場流通性の悪い不動産です。しかし、近年は少し状況が異なってきています。〝不動産投資を志す方が増えている〟〝株価の回復で資金が不動産に流れてきている〟〝不動産価格が上昇している〟〝東京23区でワンルームの建築規制があり新規供給が少ない〟等の状況で、購入時と売却時の価格差が狭まっていることは確かなようです。しかし、不動産投資は長期的視点での投資です。短期的売買は避けてください。

前記の補完データ

会社は自己資本500万円で設立。

自己資本	頭金	20%	2,000万円×20%＝400万円
	初期コスト		100万円
			500万円

土地建物割合（初期コストは考慮しないこととします）

建物	1,400万円
土地	600万円
	2,000万円

減価償却費（定額法）47年　0.022
借入金1,600万円　金利2.5%　返済期間25年
中小企業の推定実効法人税率25%で計算

◆事例：損益計算書・収支計算書（キャッシュフロー）

次にモデルケースを紹介します。前期の補完データは上の図のとおりです。

このケースで、初年度から10年度までの損益計算書と収支計算書を作ってみたものが、132ページ～133ページの表です。

ワンルームマンション価格　2000万円
年間家賃収入120万円
年間支出　25万円
税金等初期コスト　50万円

として計算しています。

（単位：万円）

第５年度	第６年度	第７年度	第８年度	第９年度	第10年度
120	120	120	120	120	120
120	120	120	120	120	120
30	30	30	30	30	30
25	25	25	25	25	25
55	55	55	55	55	55
65	65	65	65	65	65
0	0	0	0	0	0
65	65	65	65	65	65
20	20	20	20	20	20
140	185	230	275	320	365

第５年度	第６年度	第７年度	第８年度	第９年度	第10年度
120	120	120	120	120	120
120	120	120	120	120	120
7	7	7	7	7	7
25	25	25	25	25	25
20	20	20	20	20	20
52	52	52	52	52	52
68	68	68	68	68	68
305	373	441	509	577	645
1,580	1,576	1,572	1,569	1,565	1,561

「損益予定表」と「資金繰り予定表」の記入例

損益予定表

			建設事業完了時	初年度	第２年度	第３年度	第４年度
損益計算書	収益	賃貸料		120	120	120	120
		合計		120	120	120	120
	費用	減価償却費		30	30	30	30
		租税公課等	50				
		その他諸経費		25	25	25	25
		合計	50	55	55	55	55
	税引前当期利益		-50	65	65	65	65
	前期繰越損失		0	-50	0	0	0
	課税所得		0	15	65	65	65
	法人税等		0	5	20	20	20
	累計利益		-50	-40	5	50	95

資金繰り予定表

			建設事業完了時	初年度	第２年度	第３年度	第４年度
損益計算書	収入	賃貸料		120	120	120	120
		自己資金	500				
		借入金	1,600				
		合計	2,100	120	120	120	120
	費用	借入金返済		7	7	7	7
		租税公課等	50				
		その他諸経費		25	25	25	25
		土地・建設費	2,000				
		法人税等		5	20	20	20
		合計	2,050	37	52	52	52
	当年度過不足		50	83	68	68	68
	累計過不足		50	33	101	169	237
借入金残高			1,600	1,596	1,592	1,588	1,584

第6章

なるほど！
不動産管理会社のしくみ

●　●　●

【もっと高度に不動産経営】
建物所有会社での
アパート・マンション経営

すでに説明した会社形態の１つ「建物所有会社」でのアパート・マンション経営は、手続きや計算法方法が少しわかりづらいかもしれません。この章では、さらに詳しくみていくことにします。

建物所有会社に建物を移転するときの手続き

著者が最もおすすめする、不動産管理会社を「建物所有会社」とする場合ですが、これは個人オーナーが所有している賃貸用土地建物のうち建物を建物所有会社に移転する、あるいは、オーナーが所有する土地の上に会社が賃貸用建物を建築する……という方法でした。

ここでその手続きについて、もっと細かく、詳しく説明していきましょう。

◆建物の売買をするには7ステップ

まずは個人オーナーの所有する賃貸用建物を、建物所有会社に売買する手続きをします。次の手順です。

①建物の評価　オーナー×会社
②売買契約書作成（敷金の引き継ぎ条項を忘れずに）　オーナー→会社
③所有権移転登記　オーナー→会社
④土地の無償返還に関する届出書の作成と税務署への提出　オーナー＋会社→税務署

⑤土地賃貸借契約書（地代あり）　オーナー × 会社
⑥テナントへの通知（全体掲示）　会社 → テナント
⑦テナントへの通知（手紙）　会社 → テナント

◆建物の評価

建物は適正な価格で売買しなければなりません。いわゆる時価です。この価格はオーナーには譲渡所得税計算に影響し、購入する不動産管理会社には資金調達と利回りに影響します。

相続税対策、所得税対策という点から見れば、低い価格に越したことはありませんが、時価に比べて低額な価額での売買は課税上の問題が生じます。

たとえば、適正な「時価」の2分の1未満の価額で売却した場合には、売却金額にかかわらず「時価」で売却したものとして、譲渡所得税を計算しなければなりません。また、会社側でも受贈益が発生します。

「時価」は次の指標をもとに、合理的価格を算定します。

①オーナーの確定申告書の帳簿価額
②固定資産税評価額（貸家は貸家の評価減後）
③建物の標準的な建築価額（国交省）をもとに算定した金額
④再建築価額を元に算定した金額
⑤不動産鑑定士の算定した評価額

このほかに収益がある不動産については、「収益還元法による価額」というのがあります。この収益還元法は、収益物件の売買の際、価格を決定する方法です。しかし、建物だけの売買は同族間など特殊な取引にかぎられるため、この方式は適さないでしょう。

①②③に大きな差違がなければ、公的評価額でもあるため、①②③のいずれでもよいといえます。

◆建物を買い取る

建物が複数ある場合は、購入価格に対し、利回りがよいものを優先的に購入します。条件としては、①**「比較的古い」**、②**「空室が少ない」**、③**「借入金の抵当権がついていない」**の3つの条件を満たすことです。

①「比較的古いもの」は、評価額も安く不動産管理会社の資金手当も楽ですし、オーナーも譲渡所得税が生じない、または生じても少額で済みます。

②「空室が少ない」ということは賃料が相場であると思われ、購入後の空室リスクが少ないと見込めます。

③「抵当権がついていない」については、抵当権がついていると売買できないというわけではありませんが、金融機関からの借入で不動産を購入するのであれば、抵当権なしの不動産が望ましいです。

◆不動産売買契約書を作成する

個人とその同族会社との間での売買契約ですが、「売買契約書」（地代の定めあり。契約解除時無償返還する）は必要なので、作成しましょう。親族間取引のため、書類がなくてもトラブルは少ないでしょうが、税務署に対して事実を書面で明らかにすることが望ましいのです。むしろ親族間の取引だからこそ確実に書類を残す必要があります。

なお、契約書には収入印紙が必要です。契約書を2通作成すると印紙が2倍かかるので、1部原本を作成し、1部をコピーで残せば印紙代を抑えることができます。

◆購入諸費用（登録免許税と不動産取得税等）の負担

不動産を買い取った会社側では、購入時に登録免許税と司法書士の登記手数料のほか、地方税である不動産取得税も課税されます。これら購入諸費用も建物購入資金として準備します（26ページ参照）。

◆譲渡所得税の計算方法

建物はもちろんですが土地建物を個人が会社に譲渡した場合、その譲渡により譲渡所得が生じた場合、譲渡所得税が課税されます（譲渡所得税の計算は次ページ1参照）。建物の場合、通常時価と取得価格との差額が生じない、または生じても金額が少額のため、税金の問題は少ないのですが、土地の場合は要注意です。

◆取得費

取得費とは、次のAかBで、いずれか大きい金額をいいます。

A　概算法……譲渡収入金額×5％

B　実額法……土地建物の購入代金、建築代金、購入の仲介手数料のほかリフォームの設備費や改良費など

譲渡所得税とその税率

下の表から自分の税率や譲渡費用をピックアップし、払うべき税額を計算してみましょう。

◆1　譲渡所得税の計算方法

譲渡所得 ＝ 収入金額 －（取得費 ＋ 譲渡費用）

譲渡所得税＝譲渡所得×税率

◆2　譲渡所得税率（※１）

		税　　率	
所有期間(※2)		5年以下	5年超
税率	所得税	30%	15%
	住民税	9%	5%
	計	39%	20%

◆3　譲渡費用とは

・仲介手数料
・売買契約書に貼付する印紙代
・売却のために建物を鑑定した場合の鑑定料
・売却のために借家人を立ち退かせるために支払った立退料
・買主の登記費用を負担した場合はその負担額
・買主の要望で売却直前に行った建物の修繕費
・売買契約書作成や売却に関する紛争解決のための弁護士費用
・買主との交渉のために要した交通費、通信費

※1 上記税率に復興特別所得税として所得税に2.1%が上乗せされます。
※2 所有期間とは譲渡の年の1月1日で5年を超えるかで判断します。

取得に要した費用から減価償却費を差し引いた金額

◆資金はどうやって手当てする？

①**借入金**……建物を購入する資金は、基本的に金融機関からの借入で手当てするので、事前に金融機関との打ち合わせが必要です。この場合、建物の購入価格、家賃収入、経費などを計算し、損益計算書とキャッシュフローを提示した「賃貸経営計画書」を提出しなければなりません。新設会社だと金融機関は通常より慎重に審査します。建物だけの所有ですから、借入金は十分に返済可能でしょう。

②**会社に増資をする**……基本的に返済不要の資金のため、借入金と異なり、後々の返済による資金繰りの悪化はありません。資本金の大小は毎年の法人税・地方税の税額に影響を及ぼします。資本金額は1000万円未満の範囲が好ましいでしょう。

③**分割払いする**……オーナーの承諾の上、買い取り代金を分割払いしていく方法です。この場合、支払期間を決めた上で確実に支払いを履行しなければなりません。分割払いの金額が高額で長期返済ですから、利息の支払いが必要となってくると考えられます。

◆建物移転には「登記」手続きが必要

建物をオーナー個人の所有から会社名義に変更する際、「登記《とうき》」という手続きをとります（通常は司法書士に登記手続きを依頼する。登録免許税のほかに司法書士手数料がかかる）。

登記完了時には「登記識別情報」が通知されます。

現在はかつての「権利証」に代わり、この「登記識別情報通知書」が不動産の所有者に交付されます。この登記識別情報にある番号が権利書の役割をすることになるのです。「登記識別情報通知書」は、権利証に代わる書類ですので、大事に保管しておきましょう。

また登記が終了した記録が残る「全部事項証明書」（通称：謄本《とうほん》）も、1通は取り寄せておきます。

登記変更事項は、この「全部事項証明書」（過去の履歴のあるもの。履歴のないものは「現在事項証明書」といいます）で確認できます。

④〜⑦については、以下に紹介するページに詳しく記してありますので、該当ページを参照してください。

④土地の無償返還に関する届出書の作成と税務署への提出➡72〜73ページ（見本あり）、151ページ
⑤土地賃貸借契約書（地代あり）➡252〜253ページ
⑥テナントへの通知〈全体への提示〉➡254ページ（見本あり）
⑦テナントへの通知〈手紙〉➡255ページ（見本あり）

登記後に手元に置いておく書類

登記後、権利書に代わる「登記識別情報通知書」が交付されるので、きちんと保管しておきましょう。登記が終了した記録が残る「全部事項証明書」も取り寄せて、同様に保管しましょう。

【登記識別情報通知書】

登記識別情報通知

次の登記の登記識別情報について、下記のとおり通知します。

【不動産】

○市○町○番の土地

【不動産番号】

○○○○

【受付年月日・受付番号（又は順位番号）】

令和○年○月○日受付　第○号

【登記の目的】

○○

【登記名義人】

○市○町○番

○○

記

登記識別情報

１２３A４５BCDE６７

【全部事項証明書】

表題部	（主である建物の表示）	調製 平成××年×月×日	不動産番号 ××××××××××××××
所在図番号	余白		
所在	東京都世田谷区梅丘1丁目 ×番地×		
家屋番号	×番×		
① 種類	② 構造	③ 床面積 ㎡	原因及びその日付〔登記の日付〕
共同住宅	軽量鉄骨造スレート葺2階建	1階 240:00 2階 210:00	平成××年×月×日新築
余白	余白	余白 : : :	昭和63年法務省令第37号附則第2条第2項の規定により移記 平成××年×月×日

権利部（甲区）（所有権に関する事項）			
順位番号	登記の目的	受付年月日・受付番号	権利者その他の事項
1	所有権保存	平成×年×月×日 第×××××号	所有者 東京都世田谷区梅丘一丁目×番×号 工藤美子 順位1番の登記を移記
	余白	余白	昭和63年法務省令第37号附則第2条第2項の規定により移記 平成××年×月×日
2	所有権移転	平成××年×月×日 第×××××号	原因 平成××年×月×日売買 所有者 東京都世田谷区梅丘一丁目×番×号 株式会社 のぞみ

＊　下線のあるものは抹消事項であることを示す。

建物所有会社へ経営の移行

◆会社設立時にやっておくこと

会社へ建物の移転が完了し、テナントへの通知が済んだら、いよいよ法人の経営に移ります。登記が完了したら、実際に経営するための準備が必要です。それらについて紹介していきます。なお、会社の設立手続きについては第8章で詳しく解説します。

①銀行口座の開設

銀行に会社の全部事項証明書・定款・印鑑証明書・実印・銀行印を持参して普通預金口座を作ります。

②税務署等に開業届出等を提出

会社が業務をするためには、税務署等への届出が必要です。

③会社の帳簿組織の設計

普通預金を帳簿の基本とします。入金はすべて普通預金に振込入金（管理上、テナントの部屋番号入りの振込が望ましい。例：201ヤマダハナコ）とし、支払いも必ず普通預金通帳を経由します（水道光熱費、通信費、外部への委託管理費等の定例支払いは自動振替で、修繕費や消耗品費、給与の支払いは普通預金から振込支払いとする）。

◆借地権・地代の検討

土地と建物の所有者が同じ場合には問題ないのですが、建物が会社所有になり、土地がオーナー個人の所有のままだと検討しなければならない問題があります。

土地が個人、建物が会社所有といった状況は、会社が「借地権」（土地を利用する権利）を持つこととされます。それは地代の支払いがあるかないかにかかわらず、認識しなければなりません。

そのまま放っておけば、会社に借地権の受贈益課税が発生することになります。この場合「土地の無償返還に関する届出書」を税務署に届け出ると同時に地代を設定します。

◆地代の設定

地代には①無償、②固定資産税相当額、③通常の地代（固定資産税の2～3倍）、④相当の地代の4通りがあります。「土地の無償返還に関する届出書」を提出すると、どの地代でも借地権の認定課税をされることはありません。ただし、相当の地代は土地の相続税評価額の6％相当とかなり高額になります。また無償や固定資産税相当額だと個人の土地の相続税評価額が自用地評価のままです。そこで地代は通常の地代（固定資産税の2～3倍）を採用します（相続税の評価については第10章参照）。

建物所有が会社になる場合の地代・借地権は？

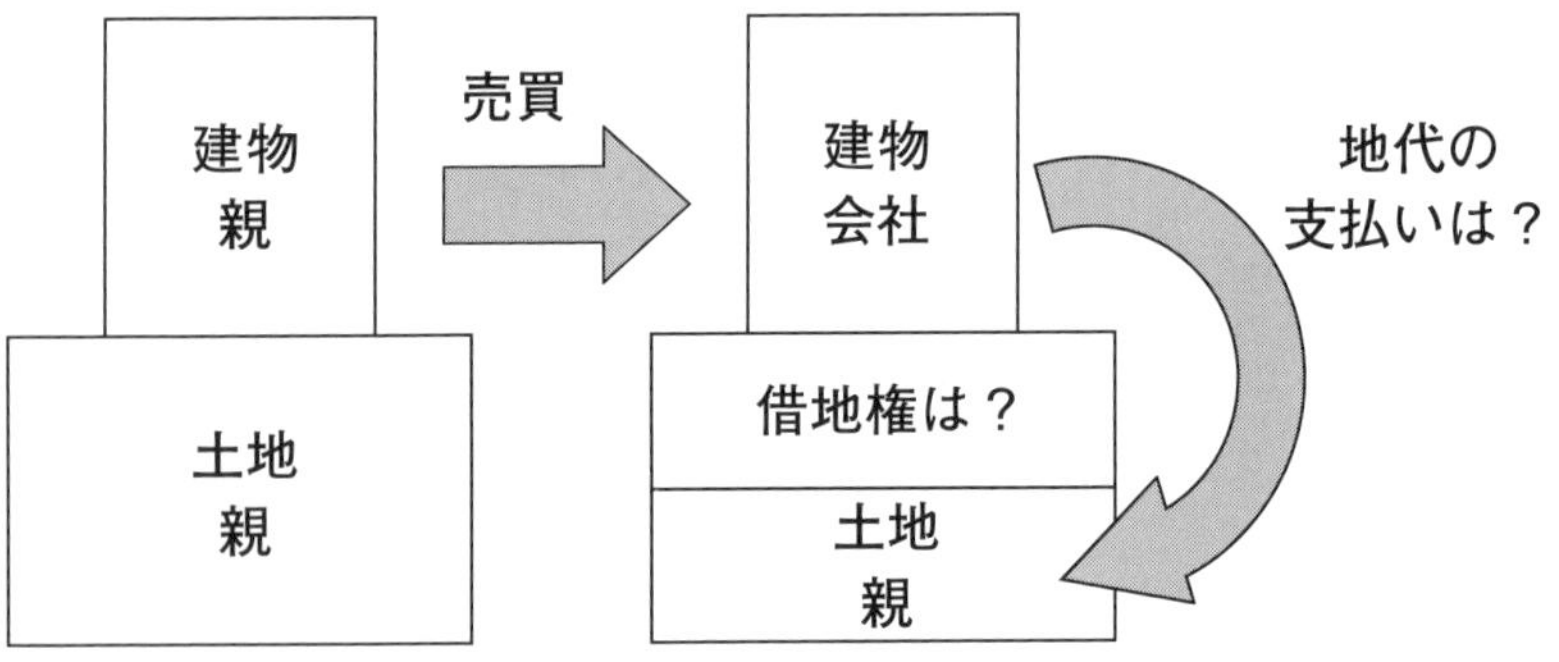

◆賃貸経営の承継

家賃収入はテナントへの通知後、会社の預金口座に入金されます。賃貸借契約は所有者が変更になっても継続します。契約内容も前オーナーの契約内容が継承されます。契約更新時に賃貸人が新設した会社となります。また、管理に必要な取引先にも所有者変更の通知をします。

そのほか、前オーナーが契約していた管理に関連する契約があれば、継続または廃止等の通知を出さなければなりません。

管理費や修繕費などの振込先にも所有者変更の連絡を

建物所有者が変更になった場合、管理に必要な取引先にも所有者変更の通知をします。
主なものとして、以下の取引先が考えられます。

水道局

東京都など各地方自治体

ガス会社

東京ガス等都市ガス・プロパンガス

電気会社

東京電力等各電力会社

電話会社

NTT 等各電話会社

水道工事会社

水漏れ、水道、排水等の工事

電気工事会社

配線工事等

工務店

修繕

不動産会社

仲介斡旋

インターネット等の接続会社、プロバイダー

「借地権の税務」についても知っておこう

◆税務上の借地権の考え方

不動産管理会社が個人の土地に建物を建築した場合、または不動産管理会社が個人の所有する土地の上にある建物を買い取った場合に、会社が借地人として個人からその敷地を借りている状態になります。

そこで、会社と個人との間で土地の賃貸借契約を締結することになりますが、その賃貸借の方法は一定の税務上のルールにしたがって行わなければなりません。一定の税務上のルールを逸すると、思わぬ課税がなされることがあります。

税務上、建物の所有を目的とする土地の賃借権は、基本的に権利金を授受するものとして課税関係が定められています。

不動産管理会社が借地人となる場合も同様で、**土地を貸借する場合には、「借地人である会社は、地主である個人に権利金の支払いをするべきである」として課税関係が生じます。**

これを「権利金（借地権）の認定課税」といいます。

土地貸借の方法は、「1　使用貸借方式」、「2　権利金方式」、「3　相当の地代方式」、「4　定期借地権

方式」、「**5　『土地の無償返還に関する届出書』を提出する方式**」の5つがあります。それぞれ説明していきましょう。

◆1　使用貸借方式

使用貸借とは借主が貸主から目的物を無償で借りて使用収益し、後にその目的物を貸主に返還する契約をいいます。使用貸借は対価を支払わない（無償）点において賃貸借と異なります。建物の所有を目的として使用貸借による土地の借受けがあった場合、一般的に借地権の設定に際し、権利金を支払う慣行がある地域では、借地権の認定課税が行われます。しかし、税務上は**地主も建物所有者も個人の場合**、土地の使用貸借にかかる使用権の価額は「0」として取り扱われます。

また、固定資産税相当額を地代としている場合であっても、地代とはならず使用貸借として扱われます。

しかし、**借地人か地主のいずれか一方が法人である場合**には、原則権利金（借地権）の認定課税の問題が生じます。この方式にする場合、認定課税を避けるため「土地の無償返還に関する届出書」を、会社、オーナー共同で税務署に提出します。

◆2　権利金方式

借地人である不動産管理会社が地主（オーナー）に権利金を支払い、土地を賃借する方式です。会社は、権利金として土地の時価の60～70％（同族関係のため税務上の借地権割合となる）の支払いが必要となります。受け取ったオーナーは、譲渡所得税を払います。

◆3　相当の地代方式

個人が会社に土地を使用させる場合、権利金を収受しないときには、原則として、権利金の認定課税が行われます。

しかし、権利金の収受に代えて「相当の地代」を収受しているときは、借地権の認定課税は行われません。この場合、その借地権の設定等にかかる契約書でその後の地代の改訂方法を定めるとともに、「相当の地代の改訂方法に関する届出書」を借地人と連名でその地主(オーナー)の所轄税務署に提出することが必要です。

相当の地代の額は、原則として、その土地の更地価額のおおむね年6%程度の金額です。土地の更地価額とは、その土地の時価をいいますが、次の金額も認められます。

① その土地の近隣の土地の公示価格などから合理的に計算した価額

② その土地の相続税評価額またはその評価額の過去3年間の平均額

「相当の地代の改訂方法に関する届出書」を提出した場合、3年ごとに相当の地代の額を改定する必要があります。この届出書がないときには、改定しないで据え置く方法を選択したものとされます。

◆4　定期借地権方式

定期借地権とは借地借家法に規定される借地権の一種で、通常の借地権と異なり、当初定められた契約期間で借地関係が終了し、その後は更新できないという制度です。

賃貸事業用建物の借地権を設定する場合は、事業用定期借地権を次の①、②のいずれかにより設定することができます。なお事業用定期借地権の契約書は公正証書でなければなりません。

①存続期間を30年以上50年未満として設定する場合

通常の定期借地権と同様、契約の更新や建物買取請求権を認めない特約を定めることができます。

②存続期間を10年以上30年未満として設定する場合

特約がなくても、契約の更新や建物買取請求権が認められません。

この定期借地権で不動産管理会社が建物を建てた場合、他の一般的な定期借地契約と契約内容が著しく相違しない場合には、借地権の認定課税は行われません。

◆5 「土地の無償返還に関する届出書」を提出する方式

権利金等を収受する取引上の慣行がある地域においては、個人の土地上に会社の建物を建てることによって権利金（借地権）相当の認定課税が生じます。

しかし、土地所有者の個人と借地人の会社が、その借地権に関わる契約書において、将来借地人等がその土地を無償で返還することが定められ、「土地の無償返還に関する届出書」を提出している場合には、借地権の認定課税は行われないこととなります（87ページ）。

この場合、地代は「相当の地代」の額を上限に、無償でもかまいません。

これまで5つの方式を紹介してきましたが、不動産管理会社の建物所有会社方式では最適なのが5の「土地の無償返還に関する届出書」を届け出る方式です。本書では、この方式を中心にまとめています。

建物所有会社の借地権と地代を決めよう

◆「土地の無償返還に関する届出書」を提出する

建物所有会社は、個人地主の土地上に会社所有の建物を建てる（建物だけを購入する場合も含む）ことになります。

そのままですと、税務上、借地権の認定課税が行われることになります。

それを避けるため「土地の無償返還に関する届出書」（72～73ページ）を地主と会社（土地の借り手）が連名で、税務署へ提出します。

◆地代の決め方

建物所有の会社は、一般的に個人地主の所得税対策として、個人地主に集中する不動産所得の分散を目的として設立されます。

したがって、建物から生じる収益を会社（建物所有会社）に帰属させ、その上で、家族役員により多くの役員報酬を支給させるためには、地代の額は少ないほうがよいことになります。そのため地代はゼロがよい

地代はこうして決まる

		借地人 （建物所有会社）	地主（個人）
借地権設定時		課税関係なし	同左
地代の額		0から相当の地代の額の間で自由に設定可能	同左
地代の取り扱い		損金の額に算入	不動産所得の収入金額に算入
相続税評価額	使用貸借	株価計算上　0	自用地評価額
	賃貸借	株価計算上 自由地評価額×20％	自用地評価額×20％

ことになります。

しかし、地代が無償では相続税法上の評価で、土地は「自用地（更地）」評価となってしまいます。地主の相続対策も考えた場合、その地代は無償ではなく、賃貸借とされる地代を支払うことで、自用地評価額の80％で評価されることになります（上記表を参照）。

したがって、地代は通常の地代、固定資産税の2～3倍に設定することにしましょう。

会社は支払う地代を損金の額に算入できます。一方、地主はそれを地代収入として確定申告をする必要があります。

「相当の地代方式」を検討してみよう

◆相当の地代方式で借地権を避ける

建物所有会社が、個人地主の土地上に会社所有の建物を建てる（建物だけを購入する場合も含む）場合、「土地の無償返還に関する届出書」を地主、会社連名で記載し、税務署へ提出することで税務上借地権の認定課税を避けられることはすでに述べました。

この認定課税を避けるもうひとつの方法として、その土地の使用の対価として「相当の地代」を支払う方式があります。

通常、借地権の設定にあたり権利金を収受した場合は、底地部分に対する使用料として「通常の地代」を支払うこととなりますが、権利金を収受する代わりに土地全体の使用料として「相当の地代」を収受すれば、その借地取引は「正常な取引でなされた」とされるためです。

「通常の権利金」と「相当の地代」の違いは？

【通常の権利金を支払う場合】

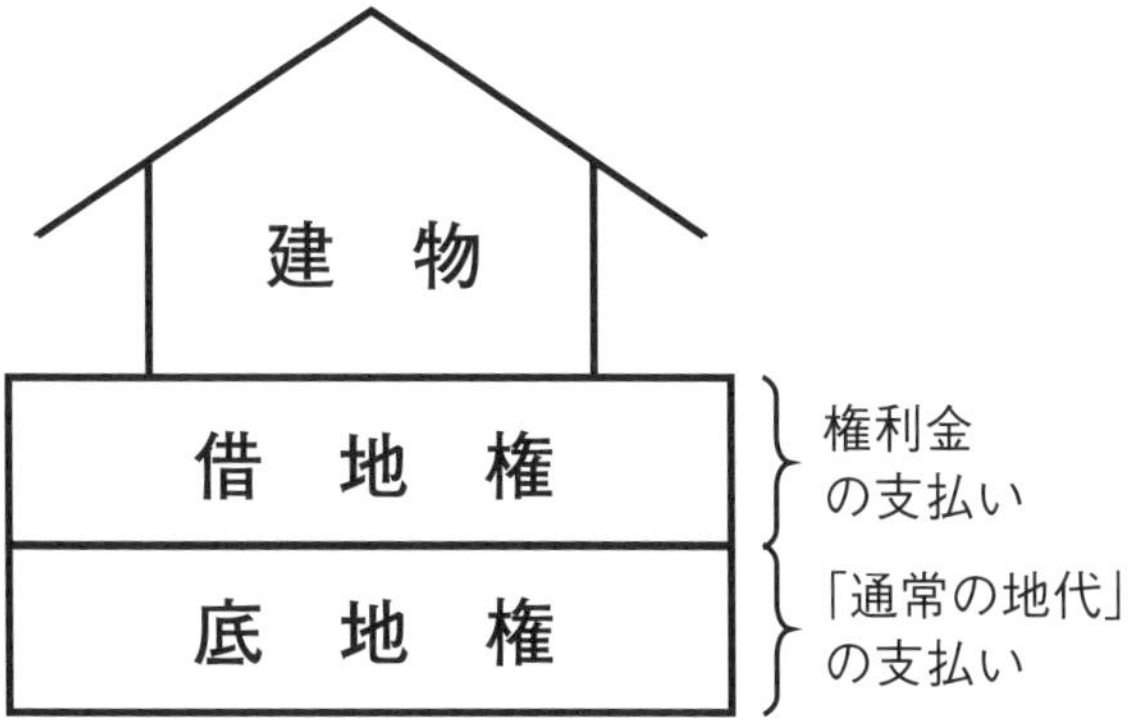

【相当の地代を支払う場合】

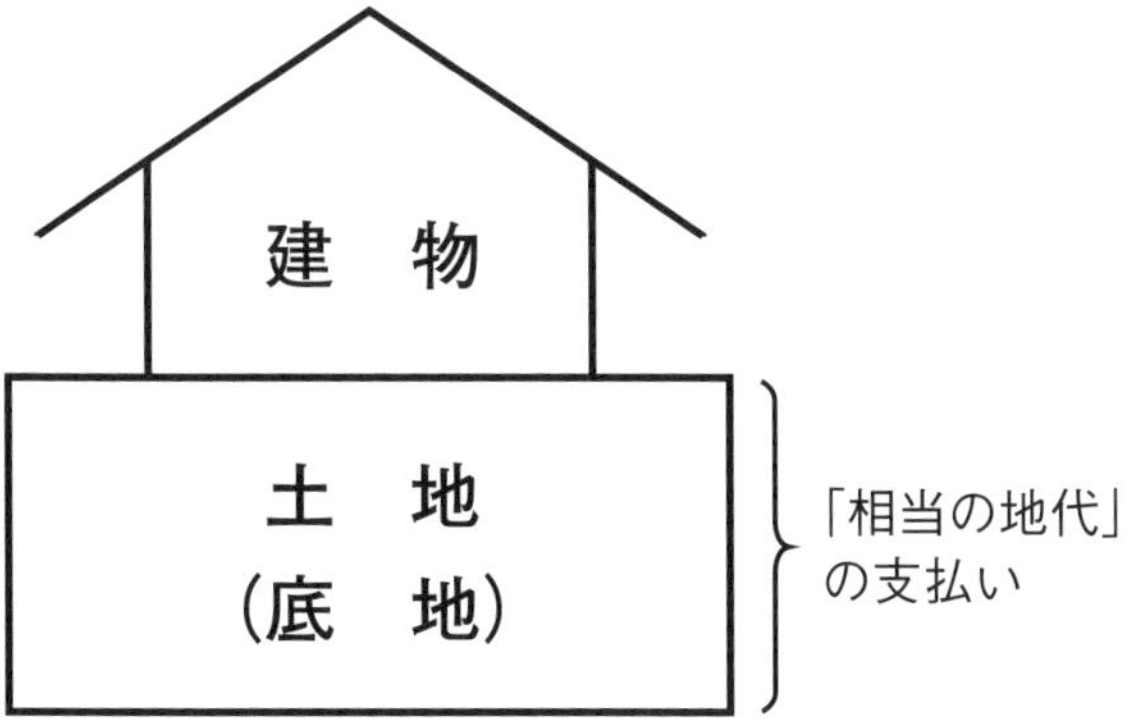

◆「相当の地代の改訂方法に関する届出書」

相当の地代方式の場合、借地権の設定等に係る契約書でその後の地代の改訂方法を定めるとともに、「相当の地代の改訂方法に関する届出書」を借地人と連名でその会社の管轄の税務署に提出することが必要です。

相当の地代の額は、原則として、その土地の「更地価額」の年6％程度の金額です。土地の「更地価額」とは、その土地の時価をいいますが、次ページ上の図の金額によることも認められます。

また、「相当の地代の改訂方法に関する届出書」を提出した場合の改訂方法には、このあと紹介する2つの方法があります。

なお、届出がされない場合は、「②それ以外の方法（据置）」の方法を選択したものとして取り扱われます（次ページ参照）。

◆相当の地代を選択する場合、2つの方法がある

相当の地代を選んだ場合、「地代改訂型」か「地代据置型」のいずれかを選択することができます。また、選択した方法を、土地の賃貸借契約書に記載するとともに「相当の地代の改訂方法に関する届出書」を税務署に届け出ることになっていますが、届け出がないと、「地代据置型」を選択したものとみなされます。

①地代改訂型……土地の地価の上昇に応じて相当の地代を改訂する方法
②地代据置型……借地権設定時の相当の地代を据え置く方法

「相当の地代方式」で進める場合

更地価額以外で「相当の地代」を決める方法は２つ

①その土地の近くにある類似した土地の公示価格などから合理的に計算した価額
②その土地の相続税評価額、またはその評価額の過去3年間の平均額

「相当の地代の改訂方法に関する届出書」を提出した場合の改訂方法は２つ

①土地の価額の値上がりに応じて、その収受する地代の額を相当の地代の額に改訂する方法 （この改訂は、おおむね3年以下の期間ごとに行う必要がある）
②それ以外の方法（据置）

どちらの方法を選択するかは、その後の借地権や底地の評価につながります。

◆「地代改訂型」「地代据置型」の特徴を知ろう

①地代改訂型の特徴

相当の地代の額を、「土地の価額に応じて、順次改訂する方法」をいいます。

なお、地代の改訂はおおむね3年ごとにすればよいことになっています。

地代改訂型の場合、常に土地の価額に連動した相当の地代を収受していることとなりますので、**土地の評価は更地としての価値が常に地主に留保されている**ことになります。

②地代据置型の特徴

相当の地代を、「当初の設定額に据え置く方法」をいいます。

地代据置型を選択すると、地価が上昇した場合、地代を据え置くことで、土地の価額に対する地代の率が低くなっていきます。地代の率が下がることによる底地割合の縮小は、借地権を自然発生させ、借地人の借地権を徐々に増加させていきます。これを「自然発生借地権」といいます。この地価の上昇により借地人に発生した自然発生借地権については、借地権の認定課税は行われません。

地代据置型を選択する目的としては、**賃借している会社の借地権価値を増加させたい場合**などが考えられます。近年、土地の価額が上昇する傾向のある地域が出てきました。今後の傾向として、相続税対策のため、この相当の地代方式と地代据置型を希望する不動産管理会社も増加するかもしれません。

「定期借地権」方式とは？

◆定期借地権には3つの種類がある

定期借地権方式とは、当初定められた契約期間で貸借関係が終了し、借地人が更新の権利を持たない賃貸借契約のことです。次に紹介する3つの方法があります。

①一般定期借地権

土地の用途は自由であり、存続期間は50年以上、期間満了後、借地人は更地にして返還しなければならないというものです。このとき、借地人は地主に対して、建物を買い取る請求ができません。

②建物譲渡特約付借地権

存続期間は30年以上、期間満了後、借地人は地主へ、相当の対価により建物を譲渡することを特約するものです。

③事業用借地権

土地の上に建てられる建物は事業用の建物に限定され、存在期間は10年以上50年未満のものです。契約書は必ず公正証書で作成する必要があります。

いずれも期間満了後に借地人が土地を返還し、立退料もかからない契約です。借地権にかかる課税関係は発生せず、地代も適切な金額に設定すれば問題ありません。そのため、定期借地権方式は、「無償返還方式」と同様の取り扱いとなります。

しかし、同族会社である不動産管理会社が期間満了による建物の取り壊しや地主の建物買い取りをすることは実務上考えにくく、また事業目的としてもアパートやマンションなどの居住用建物を所有する目的では、事業用借地権契約を締結することはできないため、**同族会社の不動産管理会社では、定期借地権方式はあまり行われていません。**

第 7 章

なるほど！
不動産管理会社のしくみ

自宅や社員の住居を
会社所有にしましょう

不動産管理会社は賃貸用不動産を管理する、所有して賃貸する等の役割をする会社を言います。その不動産管理会社が役員や使用人の居住用不動産（社宅）を所有する場合について考えてみます。

使用人社宅の扱いはどうなる？

住宅手当

使用人が直接マンション等の賃貸契約を締結し、会社がその家賃の一部を負担したとします。この場合、会社が負担した金額は、住宅手当として給与に加算され、所得税・住民税が課税されることになります。

◆社宅の転貸、所有社宅の賃貸　課税される場合

使用人に無償で貸与する場合には、「賃貸料相当額」が給与として課税されます。「賃貸料相当額」とは、次の１～３の合計額を言います。

1. （その年度の建物の固定資産税の課税標準額）×０・２％
2. 12円×（その建物の総床面積（㎡）／３・３㎡
3. （その年度の敷地の固定資産税の課税標準額）×０・２２％

なお「賃貸料相当額」は会社所有・第三者所有の転貸とも同じです。会社が第三者から賃借し、使用人に

転貸する場合は、賃貸人（大家さん）の前記資料開示の同意を得てから会社が賃借するようにしましょう。

◆社宅の転貸、所有社宅の賃貸　課税されない場合

使用人から1カ月当たり「賃貸料相当額」以上を受け取っていれば給与として課税されませんが、使用人から「賃貸料相当額」より低い家賃を受け取っている場合には、受け取っている家賃と「賃貸料相当額」との差額が、給与として課税されます。しかし、使用人から受け取っている家賃が、「賃貸料相当額」の50％以上であれば、受け取っている家賃と「賃貸料相当額」との差額は、給与として課税されません。

◆事例：「賃貸料相当額」が10万円の社宅を使用人に貸与した場合

使用人に無償で貸与する場合には、10万円が給与として課税されます。

たとえば、使用人から1万円の家賃を受け取る場合には、「賃貸料相当額」である10万円と1万円との差額の9万円が給与として課税されます。

使用人から5万円の家賃を受け取る場合には、5万円は「賃貸料相当額」である10万円の50％以上ですので、「賃貸料相当額」である10万円と5万円との差額の5万円は、給与として課税されません。

役員社宅の扱いはどうなる？

住宅手当

役員が直接マンション等の賃貸契約を締結し、会社がその家賃の一部を負担したとします。この場合、会社負担した金額は、住宅手当として給与に加算され所得税・住民税が課税されることになります。

◆社宅の転貸、所有社宅の賃貸　課税される場合

役員に無償で貸与する場合には、「賃貸料相当額」が、給与として課税されます。

役員から賃貸料相当額より低い家賃を受け取っている場合には、「賃貸料相当額」と受け取っている家賃との差額が給与として課税されます。

◆社宅の転貸、所有社宅の賃貸　課税されない場合

役員に対して社宅を貸与する場合は、役員から「賃貸料相当額」を受け取っていれば、給与としての課税はされません。

◆役員の場合の「賃料相当額」

①小規模住宅である場合

小規模住宅とは、法定耐用年数が30年以下の建物の場合には床面積132㎡以下、法定耐用年数が30年を超える建物の場合には床面積が99㎡以下である住宅を言います。このとき、次の1から3の合計額が「賃貸料相当額」になります。

1．（その年度の建物の固定資産税の課税標準額）×0・2％

2．12円×（その建物の総床面積（㎡）／3・3㎡）

3．（その年度の敷地の固定資産税の課税標準額）×0・22％

②小規模住宅以外の場合

その社宅が自社所有の社宅か、他から借り受けた住宅等を役員へ貸与しているのかで、賃貸料相当額の算出方法が異なります。

1．自社所有の社宅の場合……次のaとbの合計額の12分の1が賃貸料相当額になります。

a　（その年度の建物の固定資産税の課税標準額）×12％　ただし法定耐用年数が30年を超える建物の場合には12％でなく、10％を乗じます

b　（その年度の敷地の固定資産税の課税標準額）×6％

2．他から借り受けた住宅等を貸与する場合……会社が家主に支払う家賃の50％の金額と、上記（自社所有の社宅の場合）で算出した賃貸料相当額とのいずれか多い金額が賃貸料相当額になります。

③豪華住宅の場合

社宅がいわゆる「豪華社宅」である場合は、時価（実勢価額）が賃貸料相当額になります。

豪華住宅とは、床面積が２４０㎡を超えるもののうち、取得価額、支払賃貸料の額、内外装の状況など各種の要素を総合勘案して判定します。なお、床面積が２４０㎡以下のものについては、原則、前記の算式によることとなります。

◆「役員」とは誰を指すか

役員は使用人に比べて社宅の取り扱いが厳しくなっています。また役員報酬とされた場合には、「定期同額給与」といい、規定で定めた役員報酬を超えた金額は会社の損金とならない規定まであります。同族会社で、親族を「役員」とせず「使用人」として、使用人の規定を適用することも考えられます。しかし、税法上の役員は形式的役員の範囲にとどまらず、実質的な役員は次のように定めています。

〈役員の範囲〉

①取締役、監査役など役員になっているもの

②取締役等にはなっていないもので、会長、副会長、相談役、顧問等の呼称で他の役員と同様に実質的に法

人の経営に従事していると認められるもの
③使用人であっても、次のいずれかに属しているもの
1—a．所有割合50％超の第一順位の株主グループ（同族関係者・同族会社）に属している
1—b．第一順位と第二順位の株主グループの所有割合を合計して50％超となる株主グループに属している
1—c．第一順位から第三順位までの株主グループの所有割合を合計して50％超となる株主グループに属している
2．使用人であっても、属している株主グループの所有割合が10％を超えている
3．使用人であっても、その者（配偶者、同族会社含む）の所有割合が5％を超えている

自宅の社宅化で節税効果アリ

◆賃貸料相当額はいくらになるか

実際の「賃貸料相当額」はどの程度の金額になるかを計算したのが次ページの図です。

この事例から見ると、「賃貸料相当額」は小規模住宅で実際の月額家賃の5～8％程度、小規模住宅以外ですと立地や建物のグレードでかなり相違がみられますが、35％～50％となっています。

◆社宅を会社所有とした場合の節税効果

①所得税・法人税の効果

「賃貸料相当額」は、次ページの図のとおり、通常の賃料よりかなり低額となっています。そのため、社宅を会社所有とした場合、個人は相場よりも低い家賃の支払いで済みます。

一方、会社は社宅購入により購入代金の資金、借入金金利、減価償却費、固定資産税、管理費、修繕費等を負担します。

すなわち、購入と維持費用の多くを会社負担にして居宅を貸している状態となります。会社が利益を出し

実際の賃貸料相当額

住　居	区　分	実際の月額家賃	使用人社宅の賃貸料相当額
Aマンション　21㎡	小規模住宅	84,000円	5,152円
Bマンション　59㎡	小規模住宅	250,000円	12,827円
Cマンション　120㎡	小規模住宅以外	700,000円	258,000円

※令和3年著者収集資料により算定。

ているのであれば、法人税の節税となり、個人も課税済みの給与から相場家賃を負担するより金銭的負担が軽減されます。これは賃貸でも同様となります。

②相続税の効果

社宅購入から3年は、取得価格で評価しなければならないというデメリットはありますが、3年超の場合、土地建物とも相続税評価額となります。これは個人で所有するのと違いはありません。

さらに土地建物が会社所有だと、株式を贈与することができます。これは土地建物など不動産が分割贈与しにくい欠点があるのに対し、株式は小口贈与ができるというメリットとなります。

◆社宅を会社所有とした場合のデメリット

①小規模宅地の評価減の特例の適用がない

小規模宅地の評価減の特例は個人の住宅用の土地に適用があります。しかし、会社所有の建物の敷地は、住宅用小規模宅地の評価減の適用がありません。

②個人の優遇税制で使えないものがある

個人が住宅用不動産を購入した場合、住宅ローン控除や不動産取得税、登録免許税等の優遇策がありますが、会社の場合、これらの優遇策で使えないものがあります。

◆譲渡所得税

現在所有している自宅を会社所有に移転する場合、譲渡益が生じると譲渡所得税が課税されます。したがって、自宅を会社所有とするには、新規購入か譲渡益が生じないものが一般的です。

第8章

なるほど！
不動産管理会社のしくみ

会社といっても いろいろな形態があります

ひと口に「法人」といっても、その規模や問われる責任の範囲によっていくつかの形態があります。ここでは、最も一般的な形態でもある「株式会社」と「合同会社」について説明していきます。

不動産管理で一般的な会社形態

①株式会社

◆一般的な会社形態は主に2つ

個人（人間）に人格があるように、会社にも「法人格」という人格が付与されることにより、会社名義で取引をしたり財産を所有したりできます。

会社の形態としては、「株式会社」「合同会社」「合名会社」「合資会社」の4形態が挙げられます。これらの会社は、一部の例外を除き、出資者が負うべき責任が有限である「株式会社」「合同会社」と、責任が無限である「合名会社」、有限と無限の両方の「合資会社」に大別されます。

本書では、不動産管理会社を新たに設立する場合に一般的な会社形態として、株式会社と合同会社について説明していきます。

なお、平成18年の会社法が施行されて以後、「有限会社」の新設が認められなくなりましたが、既存の有限会社は「特例有限会社」として存続することができます。

◆株式会社とは?

株式会社とは、株主が有限責任のもとに資金を出資して設立され、株主総会で委任をした経営者が事業を行い、利益を株主に配当する、法人格を有する企業形態です。

会社が倒産すると、株主は出資した金額が損失となります。しかし、株式会社に対し債権を持っている債権者に対しては責任を負いません。言い換えれば、株主は出資した金額を限度に責任を負っているということで、これを「株主の間接有限責任」といいます。

①株式の譲渡

株式会社では、株主が、その有する株式(出資持分)を自由に譲渡することができます。しかし、多くの中小企業のように人的関係が重要な意味を持つ会社では、自由譲渡性を認めると経営を維持することが難しくなってしまいます。そのため、会社法において、一定の会社について株式の譲渡を制限することが認められています。

②議決

会社の運営方針などの重要事項を決める場合の意思決定の方法は、株式会社の場合は、株主総会で原則として出資額に応じて与えられた議決権に基づき決定がなされます。

③利益の分配

利益の分配に関して、株式会社の株主は出資額に応じて平等に利益の分配を受けます。株式会社では、株主が事業資金を出資し、株主から経営の委託を受けた取締役が会社を経営して、会社に利益が出た場合には、その出資額に応じて利益を受けることになります。会社への出資額が多ければ多いほど、会社が利益を出した場合の株主配当をより多く受けることができます。

④相続

相続に関しては、株式会社においては被相続人が有していたその会社の株式は相続人が相続により取得することになります。

◆株式会社の設立費用

株式会社の設立費用は第2章43ページの表のようになります。その他、交通費、コピー代、振込手数料、設立後の証明書取得のための費用が必要です。

◆株式会社の維持費用

①役員変更費用

株式会社の取締役の任期は原則として2年、監査役は原則として4年となりますが、株式譲渡制限会社では、定款でそれぞれ10年まで伸ばすことができます。これは法定化されていますので、定期的に役員変更費用がかかります。

②地方税均等割

法人住民税で利益に関係なくかかる税金があります。均等割といい、会社の資本金、従業員数に応じて税額が決まっており、都道府県民税と市町村民税です。

最低でも都道府県民税2万円、市町村民税5万円の計7万円がかかります（27ページ参照）。

不動産管理で一般的な会社形態

②合同会社

◆合同会社とは？

株式会社と合同会社を比較したものが次ページの図です。

合同会社は日本版ＬＬＣ（Limited Liability Company）とも呼ばれ、出資者の責任範囲は株式会社と同様で、出資した金額を限度に責任を負うというものです。

また、基本的には社員全員が業務を執行する権限を有し、経営に参加することができることから、「所有と経営が一致」している形態です。しかし、定款により、全社員の同意がある場合には、出資者の中から業務執行社員を選定することもできます。

①出資持分の譲渡

出資持分を譲渡するには、原則として他の出資者全員の承諾を要しますが、業務執行権がない社員の出資持分を譲渡するには、業務執行社員の全員の同意があれば足ります。

株式会社と合同会社の比較表

窓口等	株式会社	合同会社
類型	株式会社	持分会社
設立費用	25～30万円	11～15万円
最低資本金額	1円	
課税	法人課税	
出資者の責任範囲	間接有限責任	
最低出資者数	1名	
議決権	原則、出資額に応じる	1人1議決権
利益の分配	出資額に応じて平等に分配	出資額に関係なく自由に分配
意思決定機関	株主総会	社員総会
意思決定	普通決議、特別決議、特殊決議	社員の一定数の同意
会社運営	所有と経営が分離している	所有と経営が分離していない
定款自治の範囲	狭い	広い
役員の任期	最長10年	なし(役員の変更があるまで)
役員変更登記	司法書士に依頼した場合の相場は3～5万円	
決算公告	義務あり	義務なし
株式(出資持分)の譲渡	原則、自由。非上場会社では制限も可能。	業務執行権あり:出資者全員の同意が必要 業務執行権なし:業務執行社員全員の同意が必要
株式(出資持分)の相続	相続人に相続される	相続人に相続されないが、定款に定めがあれば相続される
運営の自由度	低い	高い
会社形態の認知度	高い	低い
略記	(株)、銀行では(カ)	(同)、銀行では(ド)

②議決

会社の運営方針などの重要事項を決める場合の意思決定の方法は、株式会社の場合は、原則として出資額に応じて与えられた議決権に基づき株主総会で決定がなされていました。

これに対して合同会社の場合は、出資額に関係なく1人につき1議決権が付与されていて、出資者全員の同意が必要となります。

③利益の分配

利益の分配に関して、株式会社の株主は出資額に応じて平等に利益の分配を受けます。会社への出資額が多ければ多いほど、会社が利益を出した場合の株主配当をより多く受けることができます。

一方、合同会社では、事業資金を出資した出資者本人が会社を経営して利益が出た場合には、出資額に関係なく自由にその利益の分配額を決めることができます。

よって、出資金額の少ない出資者であっても営業成績が飛び抜けてよかったり、または、その他で会社の利益に貢献したりしているのであればそれ相応の利益の分配を受けることが可能となります。

④相続

相続に関しては、株式会社においては被相続人が有していたその会社の株式は相続人が相続により取得することになります。

一方、合同会社の出資持分は原則として承継されませんが、「相続人に持分の相続をする」旨を定款で定めている場合には持分の相続が可能となります。

◆合同会社の設立費用

合同会社の設立費用は第2章43ページの表のようになります。その他、交通費、コピー代、振込手数料、設立後の証明書取得のための費用が必要です。

合同会社では、株式会社のように「定款の認証」というステップがないため、手順ははるかに簡素になっています。

◆合同会社の維持費用

①役員変更費用

設立費用は、株式会社が24～26万円ほどかかるのに対し、合同会社は10～12万円ほどでできます。

また、株式会社は役員の任期（2年～最長10年）が定められていて、役員変更の登記を行わなければならないため、この費用がかかります。

一方で、合同会社は役員の任期がないために、実際に役員変更が行われるまでは登記の必要がないので、役員変更費用の節約となります。

②地方税均等割

合同会社も株式会社同様、利益が出なくてもかかる税金「均等割」があり、会社の資本金、従業員数に応じて税額が決まっており、都道府県民税と市町村民税です（27ページ参照）。

　このように合同会社のほうが小規模の会社には適しているのですが、歴史も浅いため一般的には株式会社が好まれるようです。

会社を作るときの注意点は？

◆株主は相続人予定者へ

会社を設立する際には、将来の相続を見越して、子や孫が株主となるようにします。不動産管理会社に、前オーナーの収益が移転し、利益が蓄積します。その不動産管理会社の株主が前オーナー以外であることで、前オーナーの相続財産の蓄積を抑制し、さらに子や孫の相続税支払い財源を作ることになります。これは合同会社も同じです。

①未成年者の株主は可能か

未成年の子どもを株主にすることは可能なのでしょうか。形式的には「可能」ですが、税務上「不可能」の可能性があります。会社は出資を伴うと同時に、経済的活動を目的としています。

そのため、未成年者が株主となる場合、会社の経済的活動を理解しているかが問題となります。未成年のときに相続によって本人の意思にかかわらず株式の所有者になった場合を除き、本人の意思と制度の理解がなければむずかしいでしょう。

民法では、15歳以上だと遺言書が書けるとされています。自己の財産につき処分の意思がある年齢と認めた、この民法の規定が参考になると思います。このことから、最低15歳以上が望ましいといえます。

②配偶者を相続人予定者として考えるか

配偶者は法定相続人ですが、このスキームの場合、相続人予定者から除くのが望ましいでしょう。相続税対策は相続発生後の配偶者の生活を優先しますが、配偶者は相続時に「配偶者の税額軽減の特例」で1億6000万円または相続財産の2分の1（厳密には法定相続分）まで相続税がかからないことになっています。

この制度を予定した場合、配偶者に財産が増えると、二次相続時に相続税が増加することが考えられます。そのため、配偶者の生活に支障がない範囲で不動産管理会社の株主・役員に配偶者を予定しないほうがよいでしょう。

◆会社の役員は相続人予定者へ

会社を設立する場合には、会社を運営する役員を選定しなければなりません。役員は会社を運営すると同時に、その報酬として役員給与をもらいます。

不動産管理会社を設立する目的の1つに「**所得分散効果**」があります。前オーナーの所得が管理会社を経由して子や孫に分散し、累進課税の低税率の課税者を作る節税効果です。また、子や孫への給与は、将来の相続税支払い財源にもなります。

◆相続時の分割を意識する

会社の株式は分割しやすい財産と言われています。しかし、相続人が複数いる場合や、会社に利益が蓄積して株価が高くなると、贈与や売買の時に税金がかかることになります。会社は相続の分割を意識して作りましょう。**相続人は1人に一会社としましょう。**

共同経営では次の世代で会社分割ということになります。設立時から将来の財産分割を意識して会社を作りましょう。

◆役員以外の者に給与は出せるか

役員以外の者に給与を出すことはできます。たとえば、規模が大きくなると、経理専属のパートさんや、定期的にアパート・マンションの掃除をしてくれる方などがそれにあたります。実際の労働に対する給与は親族に支給するものでもかまいません。先ほど、配偶者を役員から除いたほうがよいと述べましたが、配偶者が実際に掃除をしているような場合などは、役員でなくても給与を支給することはできます。

◆「適正な給与」の水準は?

役員報酬や給与の額は基本的には自由に支払うことができます。しかし、税法では利益操作に役員報酬や給与が使われることを防止するため一定のルールを定めています。ルールに則って自由に定められるということになります。

①役員給与

損金に算入できる役員報酬は、定期同額給与、事前確定届出給与、利益連動給与の3つに限定されています。定期同額給与については、原則として定時株主総会で確定した給与を以後1年間維持しなければならず、期中でその後に支給額を変動した場合は、支給した役員報酬の一部または全部が損金として認められなくなります。

また、役員に対する賞与（税務署に届けた事前確定届出給与を除く）は原則として認められていません。

②過大な役員報酬や給与の損金不算入

役員への役員報酬や家族従業員への給与が、職務の内容や類似業種の給与と比較して著しく高額である場合には、その高額な部分の金額については損金として認められません。

◆「会社の目的」はどう書くか

不動産管理会社は、不動産の賃貸と管理を目的に作られる会社です。会社設立の登記をするときも、「会社の目的」はこれらを目的にしなければなりません。「宅地建物取引業」は、宅地建物取引業法の規定により、国土交通大臣または都道府県知事の免許を受ける必要があります。したがってこれらの目的は避けます。

なお、宅地建物取引業は、次のような業務を行います。

登記する際の「目的」の例

（目的）

第2条　当会社は、次の事業を営むことを目的とする。

1. 不動産賃貸業
2. 不動産管理業
3. 前各号に関するコンサルティング業
4. 前各号に附帯する一切の事業

・宅地または建物の売買
・宅地または建物の交換
・宅地または建物の売買、交換または貸借の代理
・宅地または建物の売買、交換または貸借の媒介

　また、登記する際の「目的」は、たとえば上図のように書きます。

◆資本金の適正金額

　資本金1円でも株式会社や合同会社を設立することができます。

　ただし、資本金の額が1円では対外的な信用も低く、金融機関からの借入にも支障をきたすことも考えられます。適正な資本金が望ましいでしょう。

　資本金は最低300万円、最高900万円くらいが適正かと思います。

①設立時の登録免許税は資本金に連動

設立時に必要な登録免許税は「資本金の額の1000分の7（15万円に満たないときは15万円）」となっています。したがって資本金2142万円以下まではすべて15万円となります。

②法人住民税の均等割

設立後、毎期決算時に課税される法人住民税の均等割の負担は資本金の額が高くなるほど負担額も大きくなります。この法人住民税ですが、資本金1000万円以下の会社は7万円となっています。

③消費税

消費税に関しては、設立第1～2期は基準事業年度がないため、資本金が1000万円未満なら原則として消費税の免税事業者となります。

以上により、最高資本金は1000万円未満が望ましく、最低資本金は対外的にみすぼらしく映らない金額ということで300万円以上1000万円未満をおすすめします。もちろん1円でも可能です。

◆資本金の金銭出資と現物出資

株式会社を設立する出資の方法としては、金銭出資と現物出資があります。

「金銭出資」とは、その名のとおり金銭で出資する方法であり、銀行口座に出資額の振り込みの確認が取れれば問題ないという点で手続きは容易です。

それに対して「現物出資」は、金銭以外の財産によって出資する方法であり、金銭出資の場合とは異なり課税関係が生じるため注意が必要です。

法人に不動産を現物出資した場合も資産の譲渡になり、出資した個人については所得税の課税対象とされます。

この場合の譲渡収入金額は、出資した不動産の時価ではなく、現物出資により取得した株式や出資持分の時価となります。

ただし、その価額が出資した不動産の時価の2分の1未満の場合は、出資した不動産の時価が収入金額とみなされます。このように譲渡所得税が課税されることがあるため、不動産の現物出資は避けたほうがよいでしょう。

◆決算期はいつがいいか

個人の所得税の計算期間が暦年単位（1月1日から12月31日まで）であるのに対して、会社の決算期は設立時に任意に決めることができます。しかし不動産賃貸業という性格上、オーナー個人の不動産収入と不動産管理会社の収益比較の都合で12月または6月が適正かと思います。12月ですと1年比較が可能です。6月で半年比較を1年に2回するのもよいでしょう。

株式会社の作り方

◆会社設立の手順とチェックリスト

株式会社を作る際の進め方とチェックリストを次ページの図にまとめました。のちほど、このチェックリストをもとに手順を解説していきます。

◆設立の費用はいくらかかるか

①実費としてかかる金額

・資本金……………………1円以上
・定款の印紙………………4万円（電子申請だと不要）
・公証人認証手数料………5万円
・謄本交付手数料…………2000円前後
・登録免許税………………15万円（厳密には資本金の額×0.7%）

会社設立の手順とチェックリスト

該当No.	設立手続き	窓口等	チェック
	事前に株式会社の概要を決めておく		
	事前に代表者印を作成しておく		
①	発起人と代表取締役の印鑑証明書を取得	住所地の市区役所	
②	類似商号の調査	所轄の法務局出張所	
③	定款の作成		
④	製本した定款のチェック		
⑤	設立費用の準備		
⑥	製本した定款を公証人役場で認証手続き	所轄の公証人役場	
⑦	銀行で資本金の払込・通帳をコピー	銀行	
⑧	払込証明書等の書類の作成		
⑨	定款等の登記申請書類を提出	所轄の法務局出張所	
⑩	登記完了後に登記事項証明書等を取得	所轄の法務局出張所	
⑪	資本金を個人口座から会社口座に振替	銀行	
設立手続きの完了			

②司法書士等へ依頼する場合

会社の設立手続きを自分でできない方は、専門家に依頼する必要があります。司法書士・行政書士という専門家です。その場合、登録免許税等の実費のほか、その専門家へ支払う報酬が発生します。ただし、これらの専門家は前述の「定款の電子申請」に対応している方が多く、定款の認証による印紙代（4万円）を電子申請により節約し、その印紙代プラスアルファ程度の手数料で受注している方が多いようです。

◆自分で作る場合の手順

以下は専門家に依頼することなく自分で作る手順で、大きく分けて11項目あります。ここでは、資本金は1円、定款は紙で作る（電子定款は作らない）場合で考えてみます。定款の見本は巻末に掲載してありますので、ご参照ください。

①印鑑証明書の取得

市区町村役所へ行き、発起人と代表取締役それぞれの印鑑証明書を取得します。

②類似商号の調査

会社の登記については、すでに登記されている他の会社と同一の「商号」であり、かつ、同一の「本店所在場所」である場合には、登記をすることができません。

また、他人の著名な商号と同一もしくは類似の商号を使用することは、「不正競争防止法」に抵触します。

もしも著名な商号やその地域で認識されている商号と同一もしくは類似の商号をつけてしまった場合には、法務局への登記はできますが、不正競争防止法の対象となってしまいその商号を使用することができません。そのため、会社の登記の申請をする前に、設立しようとする会社と同一商号で、同一本店所在場所の会社や、類似した商号が既に登記されていないかどうか調査をする必要があります。

法務局の提供している「登記・供託オンライン申請システム　登記ねっと　供託ねっと」（https://www.touki-kyoutaku-online.moj.go.jp）を利用して商号調査をすることができます。

③定款作成に着手

1．定款に記載する内容が決まっているか最終確認します

定款に記載する事項は、大きく分けて次の3つになります。

・絶対的記載事項（必ず記載しなければならない事項）……商号、本店所在地、目的、設立に際して出資される財産の価額またはその最低額、発起人の氏名または名称および住所

・相対的記載事項（記載しないと法的な効力が発生しない事項）……株式の譲渡制限、現物出資

・その他事項……株主総会の招集時期、役員の数、役員の氏名・住所、事業年度、公告の方法、取締役の任期

2．定款の用紙サイズや記載方法を確認します

・用紙サイズ……A４サイズが一般的

・記載方法……パソコン（ワープロ）、手書きのいずれでも可

3. 定款の作成部数を確認します（合計3通が必要です）

・公証人役場の保管用……1通
・設立登記申請用……1通
・会社保管用……1通

4. 定款の表紙を作り、綴じて完成です

定款には表紙をつけなければなりませんが、この表紙にも記載すべき事項があります。表紙ができたら、定款を製本して定款づくりは終了です。

定款を綴じるときは「袋とじ」にしましょう。ホチキス留めした後、背表紙に製本テープを貼ります。表《おもて》表紙と裏表紙の製本テープとの境目にそれぞれ発起人全員の実印で割り印をします。ホチキス留めだけという方法もありますが、その場合には全ページの間に割り印を押さなければならず、割り印の手間を考えると「袋とじ」のほうがよいでしょう。

④作成した定款に誤り等がないか最後の確認をします

このとき、印鑑（印影）が不鮮明だと受け付けてもらえません。また、提出時に訂正を求められることがあるので、印鑑とボールペンを持参します。

⑤銀行等へ行き、現金の用意をします（設立費用としての約24万円＋α）

この時、後ほど公証役場で必要となる収入印紙（4万円）を購入しておきます。

⑥製本した定款を本店所在地の公証人役場に持って行き、認証を受けます

定款の認証に必要な書類は次のとおりです。

1．定款……3通以上（公証人役場保存用・登記申請添付用・会社保管用）
2．発起人の印鑑証明書……各1通
3．定款認証のための委任状……1通
4．代理人の印鑑証明書……1通
5．実質的支配者となるべき者の申告書（日本公証人連合会ホームページよりダウンロードできます。）……1通

⑦銀行で資本金の払込をします

まず、自分名義の普通預金口座に資本金1円を入金します。時間外の場合は硬貨を受け付けないATMもあるので注意しましょう。振込後に、「通帳の表紙」「表紙の裏側（銀行名、支店名、預金種類、預金番号、口座名義人）」「資本金の払込があるページ」の3カ所のコピーを取ります。

⑧引き続き、次の書類を作成します

1．払込証明書

2．資本金の額が会社法および会社計算規則に従って計上されたことを証する書面

3．株式会社設立登記申請書

4．登記すべき事項……法務局で入手したOCR用紙に記入する

5．印鑑届書……代表者印を会社の実印として登録します。

6．収入印紙貼付台紙……ここには収入印紙を貼付します。また、この収入印紙には絶対に割り印してはなりません。

⑨次の書類を最終確認後に法務局で登記申請書類として提出します

1．定款

2．資本金を払い込んだことを証明する書類

3．代表取締役の印鑑証明書　等

※また、法務局の提供している「登記・供託オンライン申請システム　登記ねっと　供託ねっと」（https://www.touki-kyoutaku-online.moj.go.jp）を利用して、定款認証の嘱託および設立登記の申請をオンラインで同時に行うことが可能となりました。

⑩後日、登記が完了したら法務局で次の書類を入手します（銀行提出用等）

1．登記事項証明書
2．印鑑証明書

⑪銀行で資本金を会社名義の口座に振り替えます。その際に必要な書類は次のとおりです
1．会社の登記事項証明書……1通
2．会社の印鑑証明書……1通
3．会社の定款コピー……1通
4．代表者の印鑑証明書……1通
5．本人確認のできる身分証明書（運転免許証）等……提示のみ
6．銀行印……取引印となります

以上で設立手続きは完了となります。

会社設立後の手続き

◆法人設立届出書

会社を設立した場合には、「法人設立届出書」を次ページの図に挙げた書類を添付して税務署等へ提出する必要があります。

提出先と提出期限もそれぞれ確認してください。

◆青色申告の承認申請書

法人を設立したら、青色申告の承認申請書を所轄の税務署長に提出します。帳簿の備え付け等の義務に対し、各種特典があります。

なお、提出期限は株式会社設立の日から3カ月以内です。ただし、その3カ月以内に決算期を迎える場合には、事業年度終了日の前日までに提出する必要があります。

法人設立届出書の提出先と添付書類

届出先	届出書類	添付書類	提出期限
税務署	法人設立届出書	下記①②の書類	設立の日から2カ月以内
都道府県税事務所	法人設立届出書	下記①②の書類	設立の日から1カ月以内
市町村役場（東京23区は不要）	法人設立届出書	下記①②の書類	設立の日から1カ月以内

＜添付書類＞

①定款の写し（コピー）

②登記事項証明書

①青色申告の特典

青色申告をした場合、主に次に挙げる特典を受けることができます。

1．繰越欠損金の繰越控除

青色申告をした事業年度の欠損金を最大10年間繰り越して、翌事業年度以降の利益から控除することができます。

2．30万円未満の減価償却資産の一括損金算入

取得価額が30万円未満のものを、総額３００万円までに限り、支出事業年度の損金として処理することができます。

3．その他の特典

一定の要件に該当したものに限り、減価償却費を法定償却額よりも多く損金にできる特例や、法人税額から一定の税額を控除できる等の特例を受けることができます。

②青色申告のデメリット

一方で、青色申告をした事業者には、次のようなことが義務付けられます。メリットとデメリットをよく考えた上で決めましょう。

1．複式簿記の原則に従ってすべての取引を記録すること

2. 仕訳帳等に取引の年月日、勘定科目、内容、金額等を記載すること
3. 仕訳帳や総勘定元帳等の帳簿を備え付けること
4. 期末棚卸高明細表（棚卸し表）を作成すること
5. 貸借対照表、損益計算書を作成すること
6. 帳簿書類を7年間保存すること

◆減価償却資産の償却方法の届出書

法定償却方法は、建物・建物付属設備・構築物に関しては定額法と定まっています。器具備品等に関しては定率法が適用されますが、それ以外の償却方法を選択する場合、設立事業年度の申告書の提出期限までに所轄税務署に「減価償却資産の償却方法の届出書」を提出する必要があります。

通常は定率法が有利と言われていますので、建物・建物附属設備及び構築物以外は定率法とします。

第9章

しっかり知っておきたい！
税金の話

消費税の取り扱いに注意しましょう

不動産取引の分野では、原則すべての取引に課税される消費税の扱いに例外的なものが多いのが特徴です。しっかり理解して、消費税の課税関係に間違いがないようにしましょう。

不動産業には消費税計算の例外がたくさんある

消費税とは、商品・製品の販売や役務の提供に対してかかる税金です。具体的には、製造業者、流通業者、小売業者の各取引段階において、それぞれ10%が課税され、最終的にその商品・製品を購入し、消費するお客（=消費者）が、10%全額を負担します。

消費税は、例外事項が少ない、計算がとてもシンプルな税金ですが、不動産関連の取引だけは例外的に非課税等の扱いが多くなっているので、注意が必要です。詳しくみていきましょう。

◆消費税のしくみとは

①消費税の計算方法

消費税は次のように計算して、納税をします。

売上にかかった消費税（預かった消費税）－仕入・経費にかかった消費税（支払った消費税）

=事業者が税務署に納税する消費税

次のような条件のケースでみてみましょう。

・事務所を店子に対して年間500万円で賃貸
家賃収入500万円に消費税50万円（500万円×10%）を含めた550万円を受け取る。

・不動産管理会社に対する管理費を年間100万円支払い
管理費100万円に消費税10万円（100万円×10%）を加えた110万円を管理会社に支払う。

この場合、事務所のオーナーが税務署に対して納めるべき消費税の額は、
50万円－10万円＝40万円
となります。なお、支払った消費税が受け取った消費税を上回った場合、その差額が還付されます。

②消費税の計算期間と納税

会社の場合、事業年度の取引を集計し、事業年度終了日から2カ月以内に納税します。

◆消費税が課税される取引、課税されない取引がある

消費税がかかる売上・仕入を「**課税売上**」「**課税仕入**」といい、これらを総称して「**課税取引**」といいます。一方で、消費税がかからない商取引は「**非課税取引**」といいます。すでに述べたように、不動産関連取引は例外的に非課税取引が多い分野です。次ページで課税・非課税の分類を表にまとめました。

消費税の非課税取引と課税取引（不動産関連）

家賃・礼金・地代・更新料収入などの貸付収入	土地の貸付	更地の貸付（青空駐車場を含む）	非課税取引
		駐車場の貸付（青空駐車場を除く）	課税取引
	建物の貸付	住宅の貸付（貸付期間が1カ月以上のもの）	非課税取引
		事務所・店舗・倉庫・工場	課税取引
土地・建物の売却	土地の売却		非課税取引
	建物の売却		課税取引

支出

土地の購入	非課税取引
借入金の利子	非課税取引
火災保険料などの保険料	非課税取引
従業員への給与	不課税取引
固定資産税等の税金	不課税取引
建物の購入	課税取引
不動産管理会社に支払う管理費	課税取引
修繕費	課税取引

※非課税取引：資産の譲渡等であっても、課税対象になじまないことや社会政策的配慮から消費税を課税しない取引。たとえば、土地、有価証券、商品券などの譲渡、預貯金の利子や社会保険料など。

※不課税取引：国外取引、対価を得て行うことに当たらない寄附や単なる贈与、出資に対する配当、給与など。

不動産業に関する代表的な取引について、課税取引に当たるのか、非課税取引に当たるのか、もう少し詳しくみてみましょう。

◆土地の譲渡・貸付は課税？ 非課税？

①土地等の譲渡

ここでいう、土地等とは、土地のほか、土地の上に存する権利、地上権、土地の賃借権、永小作権、地役権等を指します。

土地は使うことでなくなったり、消えたりするものではなく、市場における価格の変動を除けば、時間の経過とともに価値が減少することもありません。そのため、土地の売買は消費という概念にそぐわないため、消費税の対象から外されています。

②土地等の貸付

土地等の貸付も土地の譲渡と同じ理由により原則として非課税となります。しかし、土地等の貸付の形態により課税取引となる場合もあります。

【イ】土地を一時的に使用させる場合

土地の貸付は、原則として非課税ですが、貸付期間が１カ月に満たない場合など一時的に使用させる場合には、課税取引となります。

【ロ】駐車場やテニスコートなどの場合

建物や駐車場など施設の利用に伴い土地を使用させる場合には課税取引となります。したがって、駐車している車両の管理を行っている場合や、駐車場としての地面の整備又はフェンス、区画、建物の設置などをして駐車場として利用させる場合には、消費税の課税の対象となります。

このほか、野球場、プールまたはテニスコートなどの施設の利用に伴って土地が使用される場合も消費税の課税の対象となります。

【ハ】 駐車場の場合

駐車場の貸付は課税取引となりますが、地面のアルファルト整備等がないいわゆる青空駐車場の場合には、非課税取引となります。

◆建物の譲渡・貸付は課税？　非課税？

①建物の譲渡

原則課税取引となります。

②建物の貸付

建物の貸付は原則課税取引です。しかし、住宅の貸付は、非課税です。ここでいう住宅とは、人の居住の用に供する家屋または部屋を指し、マンション、アパート、一戸建ての住宅、社宅、寮などです。

一方で、住宅であっても、貸付期間が1カ月に満たない場合は課税取引となります。反対に、旅館やホテルのような旅館業にかかわる施設の貸付の場合には、貸付期間がたとえ1カ月以上でも課税取引となります。

消費税の課税事業者になるか検討しよう

住宅の貸付は、消費税が非課税になり、事務所の貸付には、消費税が課税されるとご紹介しましたが、それ以前に、消費税では、事業規模が小さい等一定の事業者には、納税義務が免除されています。

この課税と免税の基準ですが、前々年（前々期）の課税売上高が、１０００万円超の場合には、その事業者は消費税の課税事業者となります。

具体的にみていきましょう。

◆新設会社の基準

①原則

新たに設立された会社については、設立当初の2年間は「基準期間」がないため、原則として免税事業者となります。

この基準期間は、会社の場合、前々期を指します。

②**資本金基準**

一方で、**事業年度開始の日における資本金が1000万円以上**である会社の場合、①の基準期間のない事業年度について、納税義務は免除されません。

③**特定期間基準**

設立2年目については、**「特定期間」の課税売上高及び給与支払額が1000万円超**の場合は、消費税の課税事業者となります。この特定期間とは、会社の場合、原則として、その事業年度の前事業年度開始の日以後6カ月を指します。

◆設立3年目以降の基準

設立3年目以降は、前々期の課税売上高が1000万円超の場合には、消費税の課税事業者です。

◆課税事業者を選択するには

前期の判定により免税事業者になった場合、課税仕入高が課税売上高を上回ったとしても、消費税の還付を受けることはできません。

建物の購入など設備投資などが多く、課税仕入高が課税売上高を上回りそうだと見込まれる場合には、あえて課税事業者となり、消費税の還付を受けるという選択肢もあります。

消費税の課税事業を選択する際のポイントは次のとおりです。

①消費税課税事業者選択届出書

税務署へ「**消費税課税事業者選択届出書**」を事前に提出する必要があります。この届出を行うことで、免税事業者から課税事業者となります。

②届出期限

課税事業者選択は、届出を提出した日の翌期からの適用になります。そのため、課税事業者になるためには、**前期末までに**届出書を提出する必要があります。新規に会社を設立した場合は、設立期の期末までに提出します。

③免税事業者に戻る

いったん課税事業者を選択してしまうと2年間（一定の場合は3年間）は免税事業者に戻れません。再度免税事業者に戻るためには、「消費税課税事業者選択不適用届出書」を税務署に、免税事業者へ戻る前期末までに提出します。

④消費税還付についての制限

令和2年度税制改正により、令和2年10月1日以降に取得した「居住用賃貸建物」に係る課税仕入れについては、仕入税額控除が適用できないこととなりました。ただし、居住用賃貸建物のうち住宅の貸付の用に供しないことが明らかな部分は、引き続き仕入税額控除の対象となります。

原則課税と簡易課税を選択しよう

◆原則課税の計算法

消費税は、すでにご紹介したように、課税期間における課税売上にかかる消費税額から、課税仕入等にかかる消費税額を控除して、納付する税額を計算します（便宜的に消費税7・8％、地方消費税2・2％の合計10％で税率を計算しています）。

（課税売上高×10％）－（課税仕入高×110分の10）＝消費税額

この方法で消費税を計算する方法を**「原則課税」**といいます。ただし、課税仕入等に係る消費税額を控除するには、帳簿及び請求書等を保存する必要があります。

◆簡易課税の計算法

一方で、1年間の取引は膨大で、すべての取引の消費税を計算するのは、大変な作業です。この煩雑さを考慮して、簡便に消費税を求める方法に「**簡易課税**」というものがあります。

簡易課税は、課税売上にかかる消費税額に、事業区分に応じた一定の「**みなし仕入率**」を掛けた金額を課税仕入れ等に係る消費税額とみなして、納付する消費税額を計算します。

この制度は、基準期間の課税売上高が５０００万円以下の事業者が、事前に届出書を提出している場合に限り選択することができます。


（課税売上高×10％）－（課税売上高×10％×みなし仕入率）＝消費税額

みなし仕入率については、２１３ページにまとめました。

なお、ここでいう不動産業とは、次のとおりです。


【不動産取引業】
・建物売買業、土地売買業　・不動産代理業・仲介業

【不動産賃貸業・管理業】
・不動産賃貸業（貸家業、貸間業を除く。住宅の貸付けは非課税）
・貸家業、貸間業　・駐車場業　・不動産管理業

不動産取引業に関して、他の事業者が建築施工（自らが施主となって請負契約により建築業者に施工させ

みなし仕入率

平成27年4月1日以後に開始する課税期間

業　　　　種	みなし仕入率
第1種事業（卸売業）	90%
第2種事業（小売業）	80%
第3種事業（製造業等）農林・漁業、建築業、製造業など	70%
第4種事業（その他）飲食店業、など	60%
第5種事業（サービス業等）運輸・通信業、金融業及び保険業、サービス業	50%
第6種事業（不動産業）	40%

※2種類以上の事業を営んでいる場合は、課税売上高を事業の種類ごとに区分し、それぞれの事業区分ごとに計算します。

る場合を除く）したものを購入してそのまま販売する場合は、第1種事業または第2種事業に、自ら建築施工（自らが施主となって請負契約により建築業者に施工させる場合を含む）したものを販売する事業は、第3種事業に、中古住宅をリメイク（塗装、修理等）して販売する事業は第3種事業に該当します。

また、不動産賃貸業・管理業に関しては、すでに見たように、住宅の貸付けは非課税です。

◆原則課税と簡易課税、有利なほうを選択しよう

原則課税と簡易課税制度のどちらを採用するのが有利なのか、実際の仕入率とみなし仕入率を比較したうえで選択します。ただし、簡易課税を選択する場合、事前に届け出なければならないことと、一度簡易課税を選択すると2事業年度は、原則課税に戻ることはできないため、注意が必要です。

インボイス制度のポイントは？

令和5年10月1日からインボイス制度が始まりました。しかし、制度の存在自体は知っていてもその内容について周知されているとはまだまだ言い難い状況です。これから法人を設立して不動産経営を始めようと考えているがインボイスについてはどう対応すればいいのか悩んでいる方も多いのではないでしょうか。

結論から言うと「アパマン経営にインボイスは関係なし」です。登録する必要もなく制度について勉強する必要もありません。インボイスが問題になるのは取引相手が事業者でありしかも消費税の課税取引である場合です。ほとんどのアパマン経営は一般消費者相手に非課税取引（住宅の貸付け）をするだけなので、インボイス制度の対象になっていません。

ただし、次に該当する場合は注意が必要です。

・事業者相手にテナントや商業ビルを貸し付ける
・駐車場を貸し付ける
・不動産賃貸業以外の事業もやる

これらは消費税の課税取引であるため取引相手からインボイスを要求される可能性があります。難しいのはこれらに該当するからと言って必ず消費税の課税事業者としてインボイス発行事業者に登録しなければならないとは限らないことです。取引規模によっては、インボイスの発行ではなく賃料値下げで対応したほうが有利かもしれませんし、そもそも相手が免税事業者でインボイスを請求してこないかもしれません。これらは個別事情によるところが大きいので一律にインボイス登録の是非を決めることは困難です。ただインボイスを発行するということは消費税の納税負担を負うことと同義なので、「インボイスを発行せず値下げ」と「インボイス発行事業者に登録して消費税納税」のどちらのほうが負担が少ないかが1つの判断基準と言えます。消費税は届出書の期限が厳しく定められている上に、いったん適用した後すぐにまた戻すなどができないように制度が設計されているので、判断には慎重なシミュレーション計算が求められます。

第10章

しっかり知っておきたい！
税金の話

不動産の相続税評価と節税のポイント、教えます

不動産管理会社設立の重要な目的は、相続税対策です。相続税がかかる相続財産のうち、50%以上を不動産が占めています。相続税対策をしっかり視野に入れた不動産の所有を検討しましょう。

相続税の基本的なしくみを押さえよう

◆相続財産の中心は不動産

国税庁が令和４年12月に発表した資料によれば、令和３年の死亡者数は約１４３万人（令和２年は約１３７万人）。このうち相続税の課税対象となった被相続人の数は約13万４０００人（令和２年は約12万人）で、課税割合は９・３％（令和２年は８・８％）となっており、令和２年より０・５ポイント増加しました。

さらに、相続税の申告があった相続財産で、相続財産に占める不動産（土地、建物）の割合は38・３％で、今もって不動産が相続財産の中心となっています。近年、一部に地価の上昇が見られることから、今後はさらに不動産の割合の上昇が見込まれます。

アパート・マンション経営を行う上で、相続税対策は避けて通ることのできない重要なテーマなのです。

相続財産の金額の推移

（単位：億円）

項目／年分	土地	家屋	有価証券	現金・預貯金	その他	合計
平成14年	71,321	6,244	10,210	20,246	13,570	121,591
15	66,315	5,736	10,664	21,391	13,899	118,005
16	58,298	5,932	12,496	21,770	10,992	109,488
17	56,843	6,336	15,049	23,114	11,542	112,884
18	54,491	5,750	17,966	23,488	12,280	113,975
19	55,847	6,184	18,486	23,971	12,459	116,947
20	58,497	6,385	15,681	25,363	12,091	118,017
21	54,938	6,059	13,307	24,682	11,606	110,592
22	55,332	6,591	13,889	26,670	12,071	114,553
23	53,781	6,716	15,209	28,531	12,806	117,043
24	53,699	6,232	14,351	29,988	12,978	117,248
25	52,073	6,494	20,676	32,548	13,536	125,327
26	51,469	6,732	18,966	33,054	13,865	124,086
27	59,400	8,343	23,368	47,996	17,256	156,363
28	60,359	8,716	22,818	49,426	17,345	158,664
29	60,960	9,040	25,404	52,836	18,688	166,928
30	60,818	9,147	27,733	55,890	19,591	173,179
令和元年	57,610	8,793	25,460	56,434	19,228	167,525
2	60,389	9,302	25,811	58,989	19,678	174,169
3	65,428	10,133	32,204	66,846	22,182	196,793

相続税税率表

＜税率＞

法定相続分の取得金額	税率	控除額
1,000万円以下	10%	なし
3,000万円以下	15%	50万円
5,000万円以下	20%	200万円
1億円以下	30%	700万円
2億円以下	40%	1,700万円
3億円以下	45%	2,700万円
6億円以下	50%	4,200万円
6億円超	55%	7,200万円

◆相続税はこのようなしくみになっている

相続税は、一定の財産を所有する方が亡くなった場合に、その財産を引き継ぐ人に課税される税金です。

税率は、財産の多い方ほど課税される率が高くなる累進税率です。

また、平成27年1月1日以降の相続については、この額を下回れば相続税がかからないという**「基礎控除」の額が縮小**されました（「５０００万円＋１０００万円×法定相続人の数」から「３０００万円＋６００万円×法定相続人の数」に縮小）。同時に税率も、最高税率が50%から55%に上がるなど、大幅な増税となっています。

相続税の税率と、計算方法は、それぞれ上図と左図のとおりです。

相続税計算の流れ

STEP1 各相続人等の課税価格の合計額（A）

本来の相続財産 ＋ みなし相続財産 − 非課税財産 − 債務葬式費用 ＋ 3年以内の贈与財産 ＋ 相続時精算課税制度を選択した贈与財産

↓ **(−)遺産にかかる基礎控除（3,000万円＋600万円×法定相続人の数）**

※平成26年12月31日以前の相続または遺贈の場合の基礎控除は「5,000万円＋1,000万円×法定相続人の数」でした。

STEP2 課税遺産総額（B）

↓ ①課税遺産総額(B)を法定相続人ごとに法定相続分で按分し、②法定相続人ごとに下の算式で税額を計算し、それを合計することで相続税の総額を求めます。

(B)×(法定相続分)×税率(※)−控除額(※)＝税額

※前ページの税率表

STEP3 相続税の総額（C）

↓ 各人ごとに按分する

$$(C)\times\frac{\text{各人の課税価額}}{(A)}$$

STEP4 各相続人等の算出税額（D）

↓ 各種税額控除等を加減する

(＋)2割加算
(−)贈与税額控除
(−)配偶者の税額軽減
(−)未成年者控除
(−)障害者控除
(−)相次相続控除
(−)外国税額控除

STEP5 各相続人等の納付税額

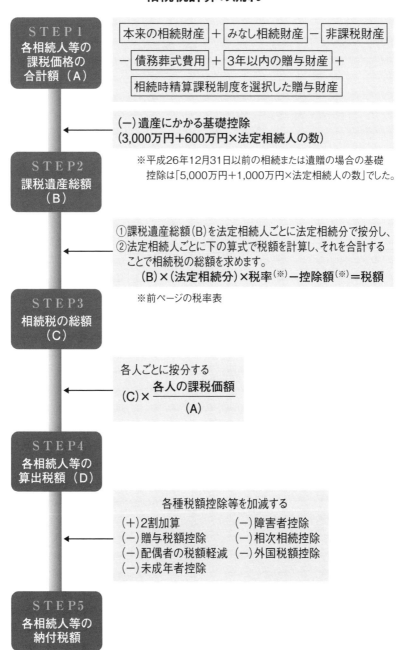

◆誰がどれだけ相続できるかが決められている

相続財産を受け取ることができる相続人は、誰もがなれるわけではありません。

誰が相続人になるかは民法で定められており、これを**法定相続人**といいます。相続人となる者は、被相続人（亡くなった人）の血族相続人と配偶者です。血族相続人とは、被相続人の子（またはその代襲者）、直系尊属（父母、祖父母）、兄弟姉妹（またはその代襲者（甥・姪））です。これらの者は、戸籍に基づき確定されます。また、相続を放棄した者、相続の欠格事由に該当する者および推定相続人の廃除となる者は、相続人から除かれます。

代襲者とは、もともと相続人となるべきだった者が、被相続人が死亡する以前にすでに死亡していたなどの理由によって、相続権が引き継がれた者を指します。たとえば、父が亡くなったとき、本来相続人になるはずの子がすでに亡くなっていれば、孫が子に代わって相続人になるのです。

相続では、相続ができる順番がきまっており、これを**相続順位**といいます。この相続順位ですが、配偶者は常に相続人となりますが、血族相続人については、被相続人との関係により決まります。血族相続人の相続順位は次ページ「法定相続人とその相続順位」の表の通りです。先順位の血族相続人がいる場合には、後順位の人は相続人とはなりません。

また、それぞれの相続人には、財産等を相続することができる割合が決められていて、これを**相続分**といいます。亡くなった被相続人が遺言により、相続分を指定した場合には、その指定した相続分が優先されますが、そうでない場合には、民法により定められた**法定相続分**が適用されるのが原則です。

法定相続分については、次ページ下の「法定相続分」をご覧ください。

法定相続人と法定相続分

法定相続人とその相続順位

順位	法定相続人	相続人・代襲相続人の範囲
第1順位	配偶者と子	・子は養子、非嫡出子を含みます。 ・相続開始以前に子が死亡しているときや相続欠格または廃除により相続権を失っている場合には、その者の子・孫が代襲して相続人となります。 ・配偶者の連れ子は相続人となりません（養子縁組をすることにより相続人となります）。
第2順位	配偶者と 直系尊属	・実父母と養父母とは同順位の相続人となります。 ・直系尊属のなかに親等の異なる者がいるときは、その親等の近い者が相続人となります。
第3順位	配偶者と 兄弟姉妹	・兄弟姉妹は親の実子と養子を問いません。 ・親の実子と養子、養子と養子の場合でも同順位で相続人となります。 ・兄弟姉妹が相続開始以前に死亡しているときや相続欠格または廃除により相続権を失っている場合、その兄弟姉妹の子が代襲して相続人となります。再代襲はありません。

法定相続分

法定相続人	法定相続分	注意点
配偶者と 直系卑属	配偶者　1/2 子　1/2	・子が複数いる場合、子の法定相続分は均等となります。
配偶者と 直系尊属	配偶者　2/3 直系尊属　1/3	・同じ親等の直系尊属が複数いる場合、直系尊属の法定相続分は均等となります。
配偶者と 兄弟姉妹	配偶者　3/4 兄弟姉妹　1/4	・兄弟姉妹が複数いる場合、兄弟姉妹の法定相続分は均等となります。

相続で土地・建物はどうやって評価されるか

相続税は、相続財産の総額を基準に、課税されるわけですが、それでは、この相続財産の総額はどのように求められるのでしょうか。相続財産の評価は、原則時価です。しかし、時価の判断に混乱がないように、一般的には、国税庁の通達である「財産評価基本通達」に従って行います。

アパート・マンション経営に関連する相続財産について、それぞれの評価方法をみていきましょう。

◆土地はどうやって評価されるか

土地の評価は、「路線価」を基に計算されます。路線価の定められていない地域では、固定資産税評価額に一定の倍率を乗じて計算します。固定資産税評価額は、市区町村で交付される固定資産税評価証明書で確認できます。固定資産税の課税標準額とは異なるので、注意してください。

「路線価」とは、その土地が面している道路の標準価格を基準に評価する方法です。特別な場所でない限り、時価（公示価格）の80％程度とされています。路線価は税務署に備え付けられている路線価図もしくは、国税庁のホームページで確認することができます。

路線価図の例

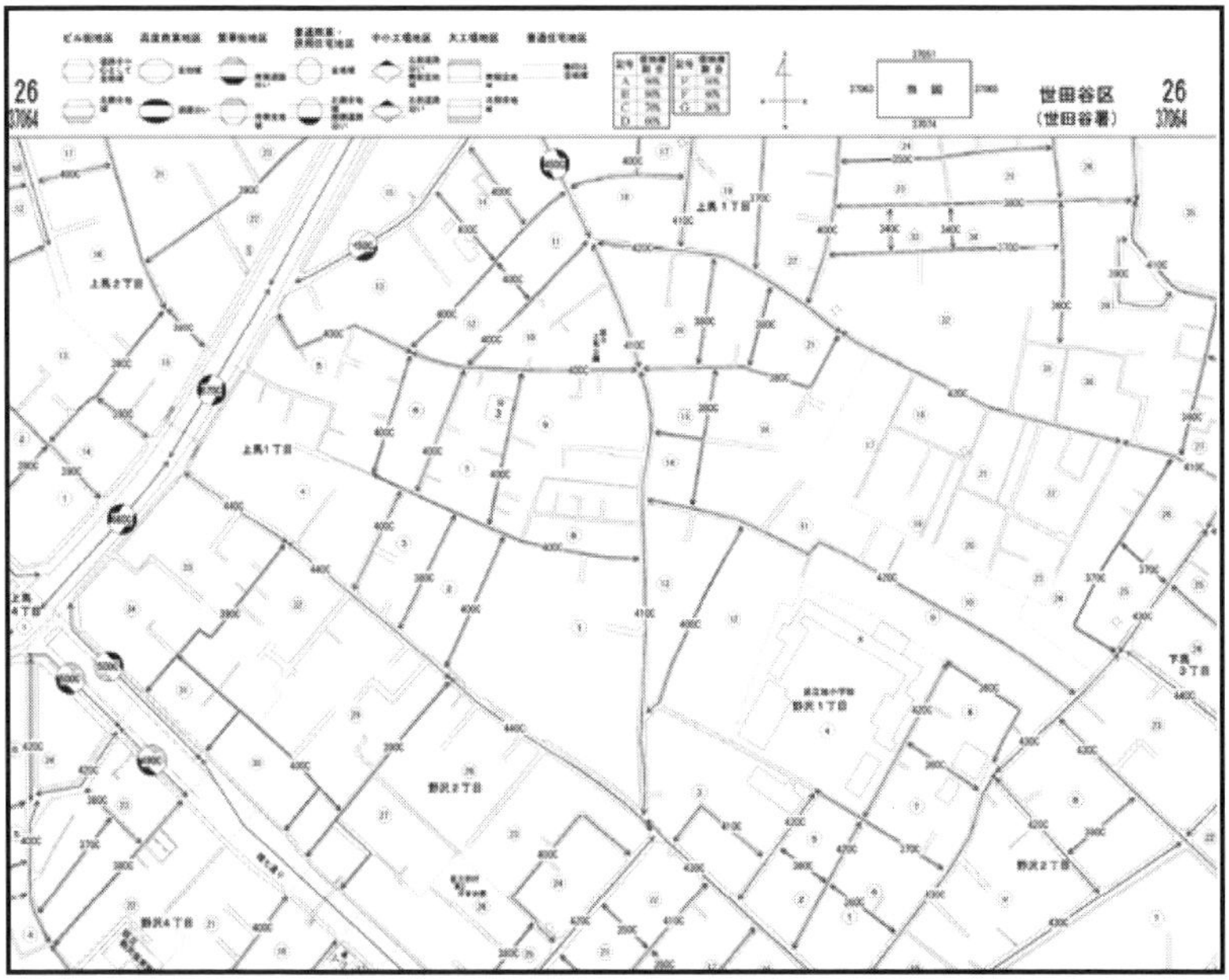

※下記国税庁ホームページで閲覧可能

http://www.rosenka.nta.go.jp/

◆自用地はどうやって評価されるか

更地、自宅の敷地など他人の権利が及ばない、自由に処分可能な土地を**自用地**といいます。通常路線価格に面積（㎡）を乗じ、さらに土地の形状や道路状況などで価格を補正して出します。アパートの敷地や貸地などは、この価格をベースに他人の権利が及ぶ割合だけ評価額を減じて評価します。

◆貸家建付地はどうやって評価されるか

更地にアパートや貸しビルを建築した場合、更地のときに比べ、その土地は建物賃借人の借家権が及ぶ土地になります。その分を評価上、減額することができます。この賃貸用建物が建っている土地を「貸家建付地《かしやたてつけち》」といいます。貸家建付地の評価は、次のようにして求めます。

貸家建付地の価額＝自用地評価額×（1－借地権割合×借家権割合（30％）×賃貸割合）

たとえば、相続税評価額が2000万円の自用地（更地）に、アパートを建てた場合で計算してみましょう。借地権割合は60％、借家権割合30％、賃貸割合は、全部入居済で100％とします。その場合、

2000万円×（1－60％×30％×100％）＝1640万円

がアパートの敷地は貸家建付地評価となり、自用地のままで評価するより、18％評価が低くなりました。

◆無償返還届出書が出ている土地はどうやって評価されるか

①土地の評価額（個人）

土地を借りる場合、通常借りる側は、権利金や地代などを支払います。一方で、会社が社長個人の土地を借りて、建物を建てたとします。このとき、これらの金額を支払わなかったり、低額だったりすると、贈与税や法人税などが課税される場合があります。しかしこの課税は、「土地の無償返還に関する届出書」を税務署に提出することで防ぐことができます。このような賃貸の仕方を**無償返還方式**といいます（70～73ページ参照）。

土地の無償返還に関する届出書が出ている場合、その土地は、相続税の評価にあたって、次の算式で評価します。

貸宅地評価額＝自用地評価額×80％

ただし、届出書を提出していても固定資産税・都市計画税相当額以下の地代の収受しかされていないために使用貸借とされた場合には、貸宅地の評価額は「自用地評価額」となります。

②借地権の評価額（会社）

個人の土地が①の評価の場合、無償返還方式により土地を賃借している不動産管理会社の株式の評価は、借地権として次の算式で計算した金額を資産の価額に加えます（自社株の評価方法の1つである純資産価額方式で計算を行うとき)。

借地権＝自用地評価額 ×20%

ただし、届出書を提出していても固定資産税・都市計画税相当額以下の地代の収受しかされていないために使用貸借とされた場合には、個人の土地が自用地評価になるとともに、株式の評価上の借地権の価額は「ゼロ」となります。

◆権利金方式の土地はどうやって評価されるか

①土地の評価額(個人)

個人と法人の間で土地の賃貸借取引を行うとき、借地権の設定が行われることから、借りる側から貸す側へ借地権設定の対価として権利金が支払われます。この、返還を必要としない権利金を受け取って、土地を賃貸借する方式を**権利金方式**といいます。権利金方式により賃貸している土地は貸宅地として、相続税の評価にあたって次の算式で評価します。

貸宅地の評価額＝自用地評価額 ×(1－借地権割合)

②借地権の評価額(会社)

個人の土地が①の評価の場合、権利金を支払って土地を賃借している不動産管理会社の株式の評価は、借地権として次の算式で計算した金額を資産の価額に加えます（純資産価額方式で計算を行うとき）。

借地権の評価額＝自用地評価額　×借地権割合

さらに、その借地の上に賃貸用建物を建てて賃貸している場合、その借地権は貸家建付借地権として次の算式で計算されます。

貸家建付借地権の評価額＝借地権価格　×　（１－借地権割合×借家権割合（通常30％）×賃貸割合）

◆相当の地代方式の土地はどうやって評価されるか

前項の権利金にかわり、権利金を支払った上で支払う地代よりも高めの地代を地主に支払う賃貸借の取引方式があります。この「高めの地代」のことを「相当の地代」といい、この取引方式を**相当の地代方式**といいます。相当の地代方式により土地を賃貸していた場合、改訂型と据置型で、相続税の評価が異なります。

◆相続税評価額も選んだ方法で決まる

①地代改訂型の場合

地代改訂型の場合、その借地権の価額は「０」と評価されますが、借地権が設定されているという制約を考慮して、その土地の貸宅地としての評価額は、「自用地評価額×80％」で計算されます。

また、不動産管理会社である同族会社の株価計算上、純資産価額方式の計算を行う場合には、この土地の借地権として「自用地評価額×20％」を資産の価額とします。

②地代据置型の場合

不動産管理会社である同族会社の株価計算で、純資産価額方式の計算を行う場合、次ページの数式によって計算された金額のうち、AかBいずれか大きい金額を、借地権価格として純資産の価額に算入します。

地代据置型を選択し、相続税の課税時期において支払っている地代の額が「相当の地代」の額に満たない場合、その土地の貸宅地としての評価額は、次ページの数式によって計算された金額のうち、CかDいずれか小さい金額となります。

なお、前記の計算で使用する「相当の地代」は、「直前3年間の自用地としての相続税評価額の平均値×年6％」で算出された金額を使用します。

「地代改訂型」「地代据置型」それぞれの相続税評価額

◆地代改訂型の相続税評価額

区　分	相続税評価額
借地権（個人）	0
借地権（法人）	自用地評価額 ×20% ※同族会社の株価計算上、純資産価額に加算
貸宅地	自用地評価額 ×80%

◆「地代据置型」の相続税評価額

区　分	相続税評価額
借地権（個人）	自用地評価額 × 借地権割合 $\times\left(1-\dfrac{\text{実際の地代}-\text{通常の地代}}{\text{相当の地代}-\text{通常の地代}}\right)$
借地権（法人）	以下のうちいずれか大きい金額 Ⓐ自用地評価額×20% Ⓑ自用地評価額 × 借地権割合 $\times\left(1-\dfrac{\text{実際の地代}-\text{通常の地代}}{\text{相当の地代}-\text{通常の地代}}\right)$ ※同族会社の株価計算上、純資産価額に加算
貸宅地	以下のうちいずれか小さい金額 Ⓒ自用地評価額×80% Ⓓ自用地評価額 － 自用地評価額 × 借地権割合 $\times\left(1-\dfrac{\text{実際の地代}-\text{通常の地代}}{\text{相当の地代}-\text{通常の地代}}\right)$

◆貸付事業用宅地等はどうやって評価されるか

①小規模宅地等の特例（貸付事業用宅地等）とは？

「相続」または「遺贈」（遺言による贈与）によって取得した土地等が、不動産賃貸業の用に供している土地だったとき、その不動産賃貸業を引き継いで相続税の申告期限まで継続して事業を行っており、かつその土地を保有し続けていた場合には、貸付事業用宅地等として２００㎡までの部分に限り、その土地の評価を50％減額することができます。

これを「小規模宅地等についての相続税の課税価格の計算の特例」といいます（以下、小規模宅地等の特例）。

②「土地の無償返還に関する届出書」を提出した場合の取り扱い

ただし、この特例は「相当の対価を得て継続的に行っていること」が要件とされています。

したがって、建物を所有する同族会社が個人の土地を利用している場合に、その土地の貸借関係が使用貸借契約（賃料など使用の対価を払わない契約）のときは、小規模宅地の特例の適用を受けることができません。

賃借契約	相続時における個人地主の土地の評価	相続時における小規模宅地等の減額特例
使用貸借契約	自用地評価額	適用なし
賃貸借契約	**自用地評価額×80％**	**適用あり**

（注）固定資産税相当額以下の地代の支払は「使用貸借」として自用地として評価され、貸付事業について相当の対価を得ていないため、小規模宅地等の特例の適用を受けることもできません。使用貸借契約と同様になります。

③土地の賃借は使用貸借ではなく地代を支払う

相続で小規模宅地等の特例を受けられる宅地等には、「居住用宅地」（面積の上限３３０㎡）、「事業用宅地（貸付事業以外）」（４００㎡）、「貸付事業用宅地」（上限２００㎡）などの、利用状況・区分に応じた減額があり、そのいずれかで有利に選択することがポイントです。そのため、「貸付事業用宅地」についても、選択の余地を残しておくために、使用貸借ではなく、地代を支払う契約にしておくべきでしょう。

◆建物・貸家はどうやって評価されるか

①建物の評価

一方、相続における建物の評価は、固定資産税等の課税時の建物評価の基準である「固定資産税評価額」

をもとに計算されます。

この建物の固定資産税評価額は、新築の場合、標準的な建築費用の70％（木造は60％）程度が評価額となります。

建物の場合は年数とともに老朽化していきますから、年数を重ねるごとに評価額は少なくなります。

②貸家の評価

貸家については、借家権割合（通常30％）の評価減が設けられています。貸家の評価額は、次の算式で計算されます。

貸家（建物）の評価額＝固定資産税評価額×（1－借家権割合（通常30％）×賃貸割合）

第 11 章

しっかり知っておきたい！
税金の話

不動産管理会社の税務調査ではここをみられます

近年、個人の不動産所有者で賃貸料を得ている人への税務調査が増えています。過大な経費や収入の脱漏が対象です。不動産管理会社に対しても同様に、税務署による税務調査が行われます。ここでは、税務調査への対応のコツなどを紹介していきます。

税務調査はどのようにして行われるか

所得税、法人税、相続税などの国税は、納税者自身が税務署へ所得と税額を計算し、申告と納税をする申告納税制度が採られています。したがって、その申告内容や税額計算の誤り、または悪質な納税者による不正申告や不当に納税を免れる事実を確認するため、国税当局の職員が、納税者の申告内容を、帳簿や取引実態を調査することによって、その誤りを正す必要があります。これを**「税務調査」**といいます。

◆税務調査の方式

税務調査の調査対象者は不正申告者だけとはかぎりません。業種別平均値を逸脱した数字を出している企業に対するものや、年度別に特定の業種や業態別に集中的に行われたり、注目業種のデータ収集のために行われたり、目的はいろいろあるようです。一般的に、赤字企業は税務調査が少ないといわれてはいますが、必ずしもないとはいいきれません。

主な税務調査の方式を紹介しましょう。

①強制調査

いわゆるマルサといわれている国税局による強制調査です。裁判所の令状を持って行われ、この強制調査は明らかな不正申告、脱税者の摘発を目的としています。適正な申告をしている一般企業に行われることはありません。

②任意調査

税務調査のほとんどが任意調査です。事前に調査の日、調査の目的、税目（法人税、消費税など）を告げ（顧問税理士がいる場合は税理士に先に告知）納税者の了解を取ります。ただし税務調査を拒否したり、調査時の質問に黙秘や返答拒否をしたりはできません。この権限を「質問検査権」といい、税務職員はかなり強い権限を持っています。

【イ】国税局調査

国税局とは、各地にある税務署の上部機関です。仙台、東京、名古屋など11局があります。比較的大きな企業や税務署管轄が複数に及ぶなど税務署単独では調査が難しい企業等を扱います。職員も優秀な人員が選抜され、資料収集能力にも優れており、調査期間も長く、税務署による調査より厳しい調査が行われます。

【ロ】税務署調査

税務調査のほとんどは管轄の税務署が行います。一般的に税務署員1～2名で行われますが、規模により数名で行われることもあります。調査期間も1～2日が多く、調査中に重大な不正が発見されない限り短期で終了します。税務署の調査部門は業種別に分かれており、不動産業の調査は不動産業専門の部署の調査官が来ます。

③抜き打ち調査

事前の通知なく、いきなり会社に来て行われる調査です。通常は通知があり任意で行われるのですが、現金商売や不正申告の多い業種、取引隠蔽の可能性が高いと判断した場合に例外的に抜き打ちで行われます。まじめに申告をしていても現金売上・現金仕入が多い業種は要注意です。

会社に顧問税理士がいる場合、税理士は税務申告書に「税務権限代理証書」という納税者の代理人である証明書類を添付して提出します。税務署はこの書類の添付がある会社の調査時には、納税者の前に税理士に税務調査の通知をしなければなりません。そして、税理士はこの通知により納税者と打ち合わせのうえ税務調査の日・時間・場所を決めることになります。

税務調査には通常税理士が立ち会います。税務申告書にある計算の根拠などに答弁するためですが、一番の役割は納税者の不安が解消されるということでしょう。税務署員が不動産専門の部署から来ることを考えると、やはりこちら側の顧問税理士も不動産専門の税理士が望ましいといえます。

◆税務調査後の対応

①申告是認

税務調査によって、納税者の申告内容に間違いがなかった場合、納税者に「調査結果についてのお知らせ」という書面が送付されます。申告の誤りなどには至らないものの、今後の申告や帳簿書類等に指導事項があるときはその旨の説明のあとに、税務調査の終了が伝えられます。

②修正申告

申告内容に間違いがあり、追加に納税をしなければならないときは修正申告書を提出します。納税者に申告の誤りの内容などについて、担当職員より説明があったうえで、「修正申告等について」という書面が用いられ、申告内容の誤りを是正するよう指摘されます。この指摘に基づき修正申告書を提出します。同時に追加の納税もします。修正申告では、追加納税にかかる加算税（過少申告加算税）と延滞税がかかります。

③更正・決定

納税者が指摘された事項に不服があり、修正申告書を提出しない場合等に、税務署長が職権で通知する処分を「更正」「決定」といいます。更正は、申告があった場合に税務署等が行う処分で、決定は申告がなかった場合に税務署等が行う処分です。その際、納税者あてに「更正通知書」または「決定通知書」が送付されます。納税者はこの処分に不服であれば、税務署長あての不服申立て、異議申立てを、却下されたら国税不服審判所に審査請求をすることができます。ただし、これらの申し立ての結論が出るまで延滞税という利息相当の税金が生じます。

④過大納税

税務調査の結果は、必ずしも申告是認とか修正申告とはかぎりません。申告のミスによって、過大な納税をしていることが判明することもあります。この場合も税務署は申告内容を更正のうえ、税金を返還する手続きを行います。

不動産管理会社の税務調査のポイント

不動産管理業・不動産賃貸業は比較的入出金が明確で、不正が少ない業種です。そのため、税務署でも要注意業種とは扱われていません。しかし、税務調査を受ける確率は法人が6～7％といわれているなか、実際には休眠会社も多いため、通常営業している会社の調査率はもっと高いといえます。会社であれば、5～7年に一度ぐらいは、税務調査があると思わなければなりません。

主に同族会社の税務調査について、そのポイントを紹介しましょう。

◆不動産管理専門会社のポイントはココ

一番の調査ポイントは管理手数料です。同族会社の場合、個人の所得圧縮の目的で管理手数料を高めに設定している事例もあるため、その手数料率がまずいちばんに見られます。家賃収入に対する管理料の割合は、通常家賃収入の5～8％が適正といわれます。管理状態が調査され、管理の実態が少なければそれ以下の率に是正の指摘を受けることになります。

他のポイントは、次ページのとおりです。

不動産管理専門会社の税務調査のポイント

ポイント	税務署員の目	対　策
現金管理状況	現金出納帳と実際の現金残高があっているか。入出金の出し入れに秩序があるか	取引のすべてを普通預金通帳を経由するようにする。入金支払いとも極力振込にして現金を手元に持たない
資金の流れと管理状況	入金が月をまたぐ場合収入に上がっているか	翌月入金も収入に計上。2カ月入金あるか確認
契約書と入出金の整合性	賃貸借契約書と入金状況、管理委託契約書と支払い状況、その他リース契約やメンテナンス契約書	契約書は時系列にファイリング。入居中と退去者の契約書区分。支払い関係は現在継続中と終了した契約に区分
帳票類の整合性	収入の請求書・支払いの請求書、領収書等の帳票	1月別にファイルにして保管
業務分担の確認	管理業務の外部委託と不動産管理会社との業務分担と料金	業務分担を明確に、適正手数料かを常にチェック
修繕費と資本的支出	多額の修繕費が計上されている場合、「原状回復」を超えて対象物の価値が増していないか	減価償却資産を正確に把握。不動産賃貸業では一番指摘を受ける項目
私的費用の経費計上	事業と関係のない、代表者や家族の私的な費用を経費計上していないか	一般的に不動産賃貸業は交際費などの経費は少ない
代表者による不正蓄財	代表者が、本人または家族の名義で家賃の除外、不正支払いなど不正な蓄財を行っていないか	代表者や家族の預金を見ることもある。くれぐれもクリーンに
人件費の管理状況	架空の人件費計上はないか。従業員の源泉徴収漏れはないか	従業員台帳を完備する(住所、氏名、生年月日を明確に)。源泉徴収漏れは会社の責任で罰金も重いため要注意
役員報酬は適正か	定期同額給与か。不相当に高額でないか	役員報酬は1年間変えられない。議事録が必要。役職に比し高額報酬に注意。役員賞与(損金不算入)となる支払いがないように
課税事業者(原則課税):消費税の課税仕入と非課税仕入の混同	計上された課税仕入額に非課税分が含まれていないか	非課税仕入を課税仕入として消費税計算すると、ストレートに課税漏れになる
消費税の不正還付	虚偽の申告により、不正に消費税の還付金を受けていないか	設備投資、建物建築の消費税還付時は要注意。不正でなくても税務調査あり
収入印紙の未貼付	収入印紙の貼り忘れなどによって、印紙税の未納付となっていないか	賃貸契約書印紙なし、建物請負契約書印紙ありなど書面の印紙に注意

◆サブリース会社のポイントはココ

サブリース会社も管理専門会社と同様に、サブリースの利益率がポイントです。テナント家賃とオーナー支払い家賃の差10～15％が目安です。他の税務調査のポイントは不動産管理専門会社と同じです。

◆建物所有会社のポイントはココ

建物所有会社は自己所有の建物賃貸のため、管理料やサブリース利益率などは問題になりません。しかし、土地所有者が同族関係者のため不動産管理専門会社の税務調査のポイントに加えて次の項目に注意が必要です。

●ポイント

税務署員がチェックするポイントは239ページを確認。

●対策

建物売買契約が適正か？　建物価格の算定が適正か？　→適正な評価により売買することが重要（第6章参照）。

土地無償返還届出書の確認→地代が適正か？　通常地代方式だと固定資産税の2～3倍の地代が支払われているか？　などに注意。

◆土地建物所有会社のポイントはココ

地代の問題以外は、建物所有会社と同様です。

第12章

しっかり知っておきたい！
税金の話

相続時精算課税の特例を使って節税できます

相続時精算課税の特徴は、一般的に相続税対策にならないといわれています。しかし、収益のある不動産や値上がり確実な資産を贈与すると、相続税対象財産の増加を抑制する効果があります。相続時精算課税の特例の上手な活用法をみていきましょう。

相続時精算課税の特例とはどのような制度か？

一般的に、贈与は「暦年課税」といって、1年間に110万円の基礎控除まで非課税、これを超えると贈与税がかかる方式が採用されています。一方で、一定の要件を満たすことで、この暦年課税にかえて、**「相続時精算課税」**を選択することができます。

この制度は、2500万円までの贈与財産に対する贈与を無税（2500万円を超えた場合は一律20％の税率がかかる）で贈与でき、贈与者が亡くなったときには、その贈与財産を相続財産に加算して相続税額を計算（すでに納めた贈与税額がある場合は相続時に控除）するものです。

さらに税制改正により令和6年1月1日からは相続時精算課税にも110万円の基礎控除が認められるようになったことでかつてより制度の有用性が向上しています。

具体的にみていきましょう。

◆相続時精算課税の特例の要件とは

相続時精算課税制度の特例を受けるための要件は次のとおりです。

①対象者

・贈与者：60歳以上の者

・受贈者：18歳以上の推定相続人および孫

※年齢は贈与の年の1月1日現在のもの

②適用対象財産等

贈与財産の種類、金額、贈与回数に制限はありません。

③税額の計算

{1年間に贈与を受けた財産の価額の合計額－110万円－2500万円（前年以前にこの控除額を利用している場合は、残額）}×20％

すなわち同じ親からの贈与は2500万円までは課税されません。

④相続時精算課税に係る贈与者以外の者

相続時精算課税を選択した者は、暦年課税に戻ることはできません。ですが、相続時精算課税に係る贈与者以外の者から贈与を受けた財産については、暦年課税が適用されます。

◆相続時の相続税額の計算

相続時精算課税を選択した場合、贈与者が亡くなったときの相続税額は、相続時精算課税の適用を受けた贈与財産を相続財産に加算して相続税額を計算し、すでに納めた相続時精算課税に係る贈与税相当額を控除して計算します。

なお、相続税額から控除しきれない贈与税があるときは還付を受けることができます。相続財産と合算する贈与財産の価額は、贈与時の価額とされています。

◆適用手続き

相続時精算課税を選択しようとする受贈者（贈与を受ける人）は、その選択に関係する最初の贈与を受けた年の翌年2月1日から3月15日までの間に税務署に、「相続時精算課税選択届出書」を、戸籍の謄本などの一定の書類を添付して贈与税の申告書を提出することとされています。

相続時精算課税は、受贈者である子や孫それぞれが贈与者である父、母（父母、祖父母）ごとに選択できますが、いったん選択すると選択した年以後贈与者が亡くなるときまで継続して適用され、暦年課税に変更することはできないので注意が必要です。

◆相続時精算課税申告の必要書類

相続時精算課税の申告にあたって必要な書類は次ページのとおりです。

相続時精算課税申告の必要書類（令和３年以降）

必要書類	請求先	提出場所	提出期限
①贈与税の申告書	税務署	税務署	贈与の翌年2月1日からの3月15日まで
②相続時精算課税選択届出書	税務署		
③受贈者の戸籍謄本もしくは抄本または受贈者の戸籍の附票その他の書類で次の内容を証する書類（贈与の日以後発行のもの） 【イ】受贈者の氏名、生年月日 【ロ】受贈者が18歳に達したとき以後の住所または居所 【ハ】受贈者が贈与者の子または孫であること	市区町村		
④贈与者の住民票その他の書類で次の内容を証する書類（贈与の日以後発行のもの） 【イ】贈与者の氏名、生年月日 【ロ】贈与者が60歳に達した以後の住所または居所	市区町村		

相続時精算課税制度を使って建物を贈与すると節税になる

第4章で、青木宏志さんがアパートの建物を長女青木宏美さんに贈与する例を紹介しました。この贈与時に適用したのが、相続時精算課税の特例です。

相続時精算課税によって、アパートなどの親の収益物件を子に贈与し、親の家賃収入を子の所得に移転させることで、親の所得分散による所得税の節税と、親に財産が蓄積することを抑制し、子に相続税納税資金を作る効果があります。

◆実行すべき5つの手順

具体的な手順は次のとおりです。

①建物を評価する
②親と不動産管理会社がサブリース契約する（個人と会社）
③テナントへ賃貸人変更の通知をする（サブリース会社からテナント）

④建物を贈与する
⑤敷金を現金で贈与する（個人（親）から個人（子））

順にみていきましょう。

①建物を評価する

まず、アパートの相続税評価額を計算します。

固定資産税評価額×（1－借家権割合（0・3）×賃貸割合）＝貸家の評価額

②親と不動産管理会社がサブリース契約を締結

原則として貸家建付地による評価減は、土地建物両方とも同一の個人名義でなければ対象となりません。親のアパートの建物のみを贈与する場合、建物が親名義だった間に賃貸借契約を結んだ賃貸部分だけ按分で貸家建付地として評価できます。

しかし、贈与前に親と不動産管理会社がサブリース契約をすると、入居者が入れ替わっても直接の契約者（サブリース会社）は変わらないので、貸家建付地の評価減の適用を受けられるのです。

③テナントへの通知

巻末の書式（254~255ページ）をご覧ください。

④**建物を贈与する**

建物だけ相続時精算課税制度を使い贈与します。2610万円までは課税されません。

⑤**敷金を現金で贈与**

通常アパートの場合、貸主はテナントから敷金を預かっていることが一般的です。この敷金債務をアパートとセットで贈与した場合、「負担付贈与」に該当し、圧縮された評価額ではなく、時価（実勢価格）で課税されることとなります。この時価課税を避けるため、建物の贈与とともに、敷金部分は建物と切り離して現金で贈与することがポイントです。

巻末資料

書類サンプル集

しないときには、相手方は本契約を解除し、損害賠償を請求することができる。

（契約締結費用の負担）

第８条　本契約締結に要する費用の負担割合は、当事者の協議により定める。

（協議事項）

第９条　本契約に定めのない事項については、民法その他の不動産取引慣習に従い、甲及び乙は、誠意をもって協議の上これを解決するものとする。

本契約の成立を証するため、本書２通を作成し、甲乙署名押印の上、各自その１通を所持する。

令和○○年○月○日

甲

住　所

-------------------------- ㊞

乙

住　所

-------------------------- ㊞

物　件　目　録

所　　　在	東京都世田谷区経堂○丁目○○番地○○
家 屋 番 号	○○番○○
種　　　類	共同住宅
構　　　造	軽量鉄骨造スレート葺２階建
床　面　積	１階　○○㎡
	２階　○○㎡

「建物売買契約書」サンプル

建物売買契約書

売主 青木宏志（以下「甲」という。）と、買主 エージェー株式会社（以下「乙」という。）は、本日以下のとおり、建物売買契約を締結する。

（売買）
第１条 甲は乙に対し、甲が所有する物件目録記載の建物（以下「本件建物」という。）を代金総額金○○○○円（消費税を含まない。）にて売り渡し、乙はこれを買い受けた（以下「本契約」という。）。

（本件不動産の面積）
第２条 本件建物の売買は登記簿面積によるものとし、実際の面積がこれと相違しても代金額の修正は行わない。

（代金の支払い）
第３条 乙は甲に対し、第１条の売買代金を○○回に分割して支払うこととし、令和○○年○月末日から毎月末日限り金○○○○円を甲の指定する銀行口座に送金して支払う。振り込み手数料は、乙の負担とする。

（所有権移転登記）
第４条 甲は乙に対し、本契約成立日である令和○○年○月○日をもって、本件建物につき所有権移転登記手続を行う。

２ 所有権移転登記に要する登記費用は乙の負担とする。

３ 第１項に定める登記手続については、甲はその登記手続に必要な書類一式を乙に交付することをもってこれに代えることができる。

（危険負担）
第５条 本契約成立後売買残代金支払いの日までの間に、本件建物の一部又は全部が甲及び乙の責めに帰すことができない事由により滅失又は毀損したときは、その滅失又は毀損による危険は甲が負担する。

（公租公課の負担）
第６条 本件建物の公租公課は、本契約成立日をもって区分し、その前日までは甲の負担とし、その翌日分以降を乙の負担とする。

（解除）
第７条 甲及び乙が本契約に違反した場合、その相手方は相当の期限を定めその履行を催告しなければならない。

２ 前項の場合において、本契約に違反した当事者が催告に従った履行を

第９条　乙が借地を返還すべきにもかかわらずこれを遅延したときは、甲がその返還を受けるまで、賃料の倍額の割合による損害金の支払いを求めることができる。

（契約条項の承継）

第10条　甲において、本件土地の所有権を、他人に移転する場合は、譲受人に契約条項を承継させなければならない。

（協議事項）

第11条　本契約に定めのない事項については、民法その他の取引慣習に従い、甲は誠意をもって協議の上これを解決するものとする。

本契約の成立を証するため本書２通を作成し、甲乙署名押印のうえ、各自その１通を所持する。

令和○○年○月○日

甲

住　所

....

.... ㊞

乙

住　所

....

.... ㊞

物　件　目　録

所　　在	東京都世田谷区経堂三丁目
地　　番	○○番○○
地　　目	宅地
地　　積	○○○平方メートル

「土地賃貸借契約書」サンプル

土地賃貸借契約書

賃貸人 青木宏志（以下「甲」という。）と、賃借人 エージェー株式会社（以下「乙」という。）とは、本日後記物件目録記載の土地（以下「本件土地」という。）につき、次のとおり土地賃貸借契約を締結した。

（賃貸の合意）

第１条　甲は乙に対し本件土地を次条以下の定めで賃貸し、乙はこれを借り受け、賃料を支払うことを約した。

（賃貸借の期間）

第２条　この契約成立の日から○○年とする。

（賃貸借料）

第３条　１か月金○○○円とする。ただし、月以下の端数については日割計算とし、１か月は３０日とする。

（無断転貸の禁止）

第４条　乙は甲の承諾なくして本件土地を他人に転貸してはならない。

（原状回復義務）

第５条　契約期間満了あるいは契約解除のときは、乙は遅滞なく本件土地を原状に復旧の上、甲に返還しなければならない。乙は有益費償還請求権を放棄する。また、明渡しに際し、乙は甲に対し、立退料その他一切の金銭上の請求はしないものとする。

（賃料の支払時期）

第６条　乙は毎月末日限り、翌月分の賃料を甲の指定する銀行口座に送金して支払う。振り込み手数料は、乙の負担とする。

（契約の解除）

第７条　乙において次の各号の一に該当したときは、甲は何らの催告をすることなく、直ちに本契約を解除することができる。

⑴　賃借料の支払を２回以上遅延したとき。

⑵　本契約の第２条又は第５条に違反したとき。

⑶　その他本契約に違反する行為があったとき。

（公租公課）

第８条　賃貸借期間中の本件土地に対する租税その他の公課については、甲の負担とする。

（損害金）

入居者向けの「オーナー変更のお知らせ」サンプル

【例】青木宏志からヒロミ株式会社へ建物所有者変更のお知らせ（入居者へ掲示するもの）の場合

ヴィラ梅丘I入居者の皆様へ

盛夏の候　益々ご清祥のこととお喜び申し上げます。

このたび、ヴィラ梅丘Iの管理業務をヒロミ株式会社に委託しました。

つきましては、令和○年10月分のお家賃より振込先がヒロミ株式会社に変更になります。

皆様にはお手数をおかけしますが、

よろしくお願いいたします。

令和○年8月10日

ヴィラ梅丘I

青木宏志

入居者向けの「オーナー変更のお知らせ（手紙）」サンプル

【例】青木宏志からヒロミ株式会社へ所有者変更のお知らせ（入居者への手紙）の場合

ヴィラ梅丘Ⅰ　201
村田　敏様

盛夏の候　益々ご清祥のこととお喜び申し上げます。
このたびヴィラ梅丘Ⅰの管理業務をヒロミ株式会社が受託いたしました。つきましては令和○年10月分のお家賃より振込先をヒロミ株式会社としていただくようお願いします。皆様にはお手数をおかけしますがよろしくお願いいたします。

記

1．契約や管理などの電話によるお問い合わせ
（従来）青木宏志　０３－○○○○－１２３４
（今後）ヒロミ株式会社　０３－△△△△－２３４５

2．賃料の振込先口座
（従来）□□銀行□□支店　　普通預金
口座番号１２３４５６７
口座名　青木宏志
（今後）◎◎銀行◎◎支店　　普通預金
口座番号７６５４３２１
口座名　ヒロミ株式会社

村田　敏様のお家賃　95,000円
なお振込手数料につきましては従来どおり入居者様のご負担となります。

以上

令和○年８月10日
ヴィラ梅丘Ⅰ
青木宏志

「定款」サンプル◎1

株式会社○○　定款

令和　　年　　月　　日作成
令和　　年　　月　　日公証人認証
令和　　年　　月　　日会社成立

「定款」サンプル◎２

定　　　款

第１章　総　　則

（商　号）
第１条　当会社は、株式会社○○ と称する。

（目　的）
第２条　当会社は、次の事業を営むことを目的とする。
　１．不動産賃貸業
　２．不動産管理業
　３．前各号に関するコンサルティング業
　４．前各号に附帯する一切の事業

（本店の所在地）
第３条　当会社は、本店を○○県○○市○○町に置く。

（公告の方法）
第４条　当会社の公告は、官報に掲載する方法により行う。

第２章　株　　式

（発行可能株式総数）
第５条　当会社の発行可能株式総数は、◆◆◆株とする。

（株券の不発行）
第６条　当会社の株式については、株券を発行しない。

（株式の譲渡制限に関する規定）
第７条　当会社の発行する株式は、すべて譲渡制限株式とし、当会社の株式を譲渡により取得するには、取締役の承認を得なければならない。

（株式の売渡し請求）
第８条　当会社は、相続その他の一般承継により当会社の株式を取得した者に対し、当該株式を当会社に売り渡すことを請求することができる。

「定款」サンプル◎３

（株主名簿記載請求）
第９条　当会社の株式を取得した者は、その取得した株式の株主として株主名簿に記載又は記録された者又はその一般承継人と共同して、当該株式に係る株主名簿記載事項を株主名簿に記載又は記録することを請求できる。ただし、法令の定めるところにより、株式を取得した者が単独で請求できる場合には、この限りでない。

（質権の登録及び信託財産の表示）
第10条　当会社の株式につき質権の登録又は信託財産の表示を請求するには、当会社所定の請求書に当事者が記名押印して提出しなければならない。その登録又は表示の抹消についても同様とする。

（手数料）
第11条　前２条に定める請求をする場合には、当会社所定の手数料を支払わなければならない。

（株主の住所等の届出）
第12条　当会社の株主及び登録された質権者又はその法定代理人若しくは代表者は、当会社所定の書式により、その氏名、住所、宛て先及び印鑑を当会社に届け出なければならない。届出事項に変更を生じたときも、その事項につき、同様とする。

（基準日）
第13条　当会社は、毎事業年度末日の最終の株主名簿に記載又は記録された議決権を有する株主をもって、その事業年度に関する定時株主総会において権利を行使することのできる株主とする。
②　前項のほか、株主又は登録株式質権者として権利を行使すべき者を確定するために必要があるときは、取締役の過半数の決定をもって臨時に基準日を定めることができる。ただし、この場合には、その日を２週間前までに公告するものとする。

第３章　株主総会

（招集及び招集権者）
第14条　当会社の定時株主総会は、毎事業年度の末日から３か月以内に招集し、臨時株主総会は、随時必要に応じて招集する。
②　株主総会は、法令に別段の定めがある場合を除くほか、取締役社長がこれを招集する。取締役社長に事故若しくは支障があるときは、予め定めた順位により他の取締役がこれを招集する。

③　株主総会を招集するには、会日より３日前までに、議決権を有する各株主に対して招集通知を発するものとする。ただし、議決権を行使することができる株主の全員の同意があるときは、招集手続を経ずに開催することができる

④　前項の招集通知は、書面ですることを要しない。

（議　長）

第15条　株主総会の議長は、取締役社長がこれに当たる。取締役社長に事故があるときは、他の取締役が議長になり、取締役全員に事故があるときは、総会において出席株主のうちから議長を選出する。

（決議の方法）

第16条　株主総会の普通決議は、法令又は定款に別段の定めがある場合を除き、出席した総株主の議決権の過半数をもって行う。

②　株主総会の特別決議は、総株主の議決権の３分の１以上を有する株主が出席し、その議決権の３分の２以上をもって行う。

（書面による決議）

第17条　株主総会の決議の目的たる事項について、取締役又は株主から提案があった場合において、その事項につき議決権を行使することができるすべての株主が書面によってその提案に同意したときは、その提案を可決する総会の決議があったものとみなす。

第４章　取締役及び代表取締役

（取締役の員数）

第18条　当会社の取締役は、１名以上とする。

（取締役の選任の方法）

第19条　当会社の取締役は、株主総会において総株主の議決権の３分の１以上を有する株主が出席し、その議決権の過半数の決議によって選任する。

②　取締役の選任については、累積投票によらない。

（取締役の任期）

第20条　取締役の任期は、選任後10年以内に終了する事業年度のうち最終のものに関する定時株主総会の終結の時までとする。

② 任期満了前に退任した取締役の補欠として、又は増員により選任された取締役の任期は、前任者又は他の在任取締役の任期の残存期間と同一とする。

（代表取締役及び社長）
第21条 当会社の取締役が1名のときは、その取締役を代表取締役とし、取締役を複数名置く場合には、取締役の互選により代表取締役を1名定め、代表取締役をもって社長とする。
② 社長は、当会社を代表する。

（報 酬）
第22条 取締役の報酬は、それぞれ株主総会の決議をもって定める。

第5章 計 算

（事業年度）
第23条 当会社の事業年度は、毎年1月1日から同年12月31日までの年1期とする。

（剰余金の配当）
第24条 剰余金の配当は、毎事業年度末日現在における株主名簿に記載又は記録された株主又は登録株式質権者に対して支払う。
② 配当金がその支払提供の日から満3年を経過しても受領されないときは、当会社は、その支払義務を免れるものとする。

第6章 附 則

（設立に際して発行する株式）
第25条 当会社の設立に際して発行する株式の数は、1株とし、その発行価額は、1株につき金1円とする。

（設立に際して出資される財産の価額又はその最低額及び資本金）
第26条 当会社の設立に際して出資される財産の価額は、金1円とする。
② 当会社の設立時資本金は、金1円とする。

（最初の事業年度）
第27条 当会社の最初の事業年度は、当会社成立の日から令和○年12月31日までとする。

「定款」サンプル◎6

(設立時取締役)
第28条　当会社の設立時取締役は、次のとおりとする。
設立時取締役　●●　●●

(発起人の氏名ほか)
第29条　発起人の氏名、住所、発起人が割り当てを受ける株式数及びその払込金額等は、次のとおりである。

○○県○○市○○町○丁目○番地
発起人　●●　●●　1株　金1円

(法令の準拠)
第30条　この定款に規定のない事項は、すべて会社法その他法令に従う。

—通常の定款(紙面)での認証をする場合の定款の末尾(不要の場合は削除)—

以上、株式会社○○を設立するため、この定款を作成し、発起人が次に記名押印する。

令和　年　月　日

発起人　●●　●●　㊞

--- 以下の末尾は、司法書士に電子定款認証を依頼する場合の末尾(不要の場合は削除)---

以上、株式会社○○の設立に際し、発起人●●　●●の定款作成代理人である司法書士▲▲は、電磁的記録である本定款を作成し、電子署名をする。

令和　年　月　日

発起人　●●　●●

△△県△△市△△番地△△
司法書士　▲▲
登録番号　××××××

執筆者紹介

東京シティ税理士事務所

税理士法人。1981年、山端康幸税理士事務所として個人事業スタート。2002年、税理士法人東京シティ税理士事務所に組織変更。"中小企業の税務会計"と"不動産・相続の税務"の2つの得意分野を持ち、所属税理士はすべて相続税・不動産税務のプロフェッショナルと自負している。

所属税理士

所長 代表税理士	山端　康幸	副所長 パートナー税理士	村岡　清樹
パートナー税理士	山端　慶太	パートナー税理士	辛島　正史
パートナー税理士	國田　淳夫	税理士	欠下　茂代
税理士	渡辺　こずえ	税理士	新町　聡子
税理士	丸山　恵美	税理士	米山　悟子
税理士	古山　遼人	税理士	小林　由美
税理士	蔦　浩一	税理士	須佐　美花
税理士	三木　靖子	税理士	井上　喜子
税理士	風巻　朋子	税理士	鷺　百合子
税理士	小﨑　寧子	税理士	藤本　知子
税理士	松永　志保子		

所在地

〒163-0433
東京都新宿区西新宿2-1-1 新宿三井ビル33階
TEL：03(3344)3301
FAX：03(3344)9053
E-Mail：voice@tokyocity.co.jp
東京シティ税理士事務所HP：http://tokyocity.co.jp
相続税相談所(相続税専門サイト)：http://www.tokyocity.jp
遺言・相続相談所(遺言・相続専門サイト)：http://www.tokyocity.or.jp

編者紹介

山端康幸（やまはた・やすゆき）

税理士法人東京シティ税理士事務所 所長
土地活用や相続税対策に関する不動産税務を専門とする。不動産税務専門税理士として40年の経験を有する。クライアントもアパート・マンション経営者が多く長期的な資産活用の税務コンサルタントを業務としている。
明治大学リバティアカデミー講師・全国宅地建物取引業協会講師・不動産コンサルティング協議会講師・賃貸不動産経営管理士協議会講師などを歴任、その他新聞社など主催のセミナーを数多く行う。
著書に『【改訂新版】個人事業ではじめる アパート・マンション経営がぜんぶわかる本』『〈新版〉相続の手続きと節税がぜんぶわかる本』（共著、すべてあさ出版）など多数。

【改訂《かいてい》２版《はん》】
アパート・マンション経営《けいえい》は
株式会社《かぶしきがいしゃ》ではじめなさい

〈検印省略〉

2023年 11 月 26 日 第 1 刷発行

編　者――山端 康幸（やまはた・やすゆき）
著　者――東京シティ税理士事務所
発行者――田賀井 弘毅

発行所――株式会社あさ出版
〒171-0022 東京都豊島区南池袋 2-9-9 第一池袋ホワイトビル 6F
電　話 03 (3983) 3225（販売）
03 (3983) 3227（編集）
F A X 03 (3983) 3226
U R L http://www.asa21.com/
E-mail info@asa21.com
印刷・製本 美研プリンティング(株)

note http://note.com/asapublishing/
facebook http://www.facebook.com/asapublishing
twitter http://twitter.com/asapublishing

ISBN978-4-86667-657-9 C2034

あさ出版好評既刊

マンションの「音のトラブル」を解決する本

一級建築士・日本大学名誉教授
井上勝夫 著

四六判　定価1650円　⑩